Variation im Deutschen

FörMig Material

Herausgegeben von

İnci Dirim, Ingrid Gogolin, Drorit Lengyel, Ute Michel, Ursula Neumann, Hans H. Reich †, Hans-Joachim Roth und Knut Schwippert

Band 11

Monika Dannerer, İnci Dirim,
Marion Döll, Hanna Grabenberger,
Kevin Rudolf Perner, Maria Weichselbaum

Variation im Deutschen: Grundlagen und Vorschläge für den Regelunterricht

Waxmann 2021
Münster · New York

Die Publikation entstand in Kooperation mit der Pädagogischen Hochschule Oberösterreich, Linz.

Bibliografische Informationen der Deutschen Nationalbibliothek
Die Deutsche Nationalbibliothek verzeichnet diese Publikation in der Deutschen Nationalbibliografie; detaillierte bibliografische Daten sind im Internet über http://dnb.dnb.de abrufbar.

ISSN 1866-6620
Print-ISBN 978-3-8309-4404-1
E-Book-ISBN 978-3-8309-9404-6

www.waxmann.com
info@waxmann.com

Umschlaggestaltung: Pleßmann Design, Ascheberg
Satz: Roger Stoddart, Münster
Druck: Media-Print GmbH, Paderborn

Gedruckt auf alterungsbeständigem Papier, säurefrei gemäß ISO 9706

Printed in Germany

Inhalt

1. Einführung

Hey! Hi! Hallo! Guten Tag! Schönen guten Morgen! Servus! …
Variation im Deutschen und ihre Bedeutung für Deutschlernende

„Ein Ei?", fragt die junge Hotelangestellte am frühen Morgen im Frühstücksraum eines Hotels in Linz den noch etwas verschlafenen Gast aus Norddeutschland sehr freundlich, allerdings mit einer ganz anderen Aussprache als es der Gast, der sehr gut Deutsch kann, gewohnt ist. Der Gast wird schlagartig wach, denkt blitzschnell nach, kann das Gehörte nicht deuten und muss noch einmal nachfragen, versteht die Frage trotz zweifacher Wiederholdung nicht, am Ende verschafft der Einsatz von Gestik Abhilfe.[1] Dass es an Orten, an denen auch Deutsch gesprochen wird, die aber vom eigenen Lebens- und Arbeitsumfeld weiter entfernt sind, auf Grund größerer regionaler Unterschiede zu Verständigungsschwierigkeiten kommen kann, haben viele von klein auf Deutsch sprechende Personen erlebt. Grund dafür ist, dass Deutsch eine der Sprachen darstellt, die von einer sehr großen regionalen Variation gekennzeichnet ist. So ist es beispielsweise nicht unwahrscheinlich, dass eine in Wien aufgewachsene Person bei einem Aufenthalt im österreichischen Bundesland Vorarlberg Verständigungsprobleme erlebt. In Bayern sind, um ein weiteres Beispiel zu nennen, viele Menschen stolz auf ihren örtlichen Dialekt (vgl. „Prestigeakzent" bei Barbour & Stevenson, 1998, S. 155), der sich auch vom Dialekt des nächstgelegenen Ortes (für sie) erkennbar unterscheidet (ebd., z.B. S. 155f.). Man kennzeichnet seine Zugehörigkeit gar über den Dialekt seines Wohnortes: „Untermerzbach ist, wo die Hasen Hosn und die Hosen Huesn heßn."[2]

Selbst im Norden Deutschlands, der nach dem Untergang der Wirtschaftsvereinigung „Hanse" einen umfassenden Sprachwechsel von Platt- zu Hochdeutsch vollzogen hat (vgl. König, 2019, S. 77, 103, 135), gibt es ländliche Gebiete, in denen sich das Plattdeutsche trotz früherer Abwertungen bis heute gehalten hat (vgl. ebd., S. 135). Die Schauspielerin Sabine Kaack zog nach eigener Angabe 2013 von Berlin wieder nach Schleswig-Holstein zurück, nicht zuletzt, um im Alltag wieder mehr Plattdeutsch sprechen zu können.[3] Auch in der Deutschschweiz stehen die Mündlichkeit und Schriftlichkeit des Deutschen „im Spannungsfeld zwischen Dialekt und Hochsprache" (Ender, Wei & Straßl, 2007, S. 26).

Diese zunächst vielleicht „heimelig", „witzig", „cool" wirkende Variation, die oft als kulturelles Gut hervorgehoben und gepflegt wird, und im Falle von Jugendsprache „gehypt" wird, ist für Kinder, Jugendliche und Erwachsene, die sich das Deutsche noch aneignen, häufig eine große Barriere und stellt sie vor verschiedene Herausforderungen, zumal sie nicht nur zwischen verschiedenen Orten existiert, also etwa Reisende betrifft, sondern auch an ein- und demselben Ort besteht. In verschiedenen sozialen Situationen ist es erforderlich, unterschiedliche sprachliche Mittel zu wählen. Wenn z.B. ein informelles *Hallo*! oder gar *Hi!* als Begrüßungsformel bei ei-

1 Eigene Beobachtung von İnci Dirim.
2 Eigenes Wissen von İnci Dirim.
3 https://www.sabinekaack.de/ (Zugriff am 16.02.2021)

ner Verabredung unter Freund_innen vollkommen in Ordnung ist, wird in den meisten Regionen bei einem Amtsbesuch eine formellere Begrüßung, etwa *Guten Tag!* oder *Grüß Gott*! erwartet.

Die Vielfalt des Deutschen stellt Deutschlernende in verschiedenen Lebenskontexten, auch in der Schule, vor große Herausforderungen, so unsere Ausgangsannahme, die dem vorliegenden FöRMiG-Materialband zugrunde liegt. Diese Annahme wird durch eine Vielzahl an Berichten und Beobachtungen gestützt, sodass es uns sinnvoll erscheint, im Kontext von Deutsch als Zweitsprache eine Auseinandersetzung mit der Variation im Deutschen zu ermöglichen.

In sprachheilpädagogischen Kindergärten in Cuxhaven gehe es schon lange nicht mehr nur darum, deutschsprachig aufwachsenden Kindern die Unterscheidung von Plattdeutsch und Hochdeutsch bzw. Standarddeutsch zu erleichtern, berichtete im Rahmen eines Seminars an der Universität Oldenburg ein Student, der zugleich in einem dieser Kindergärten tätig war, İnci Dirim. Es würden öfter auch Kinder angemeldet, die zu Hause kein oder wenig Deutsch sprechen, aber bei der Unterscheidung von Platt- und Standarddeutsch Unterstützung bräuchten. Ähnliches hört man von Jugendlichen, die in Bayern das Gymnasium besuchen. In Österreich wiederum klagen Studierende aus dem Ausland darüber, dass sie im Studium nicht alle Dozent_innen und Kommiliton_innen verstehen könnten, da diese sehr unterschiedliche Varietäten des Deutschen verwendeten (Dannerer, 2018; Dirim, 2013). Diese Erfahrungen und Beobachtungen stammen aus verschiedensten Regionen und betreffen nahezu alle Bildungsinstitutionen von der Elementarstufe bis zum tertiären Bereich.

Der vorliegende FöRMiG-Materialband hat zum Ziel, diese Problemlage, die bisher in der didaktisch-methodischen Literatur wenig Berücksichtigung fand, mit Grundlagenwissen, empirischen Beispielen aus dem Unterricht und Vorschlägen für eine informierte Unterrichtspraxis ins Bewusstsein zu heben. Dabei soll es nicht darum gehen, Dialekte als Barriere für die Aneignung der Standardsprache zu thematisieren, wie es in den 1970er Jahren geschehen ist (u.a. Besch, o.J./1972) und auch nicht um die Vermittlung von produktiver Dialektkompetenz. Uns geht es vielmehr darum, unter einer Akzeptanz der Variation des Deutschen ihre Besonderheiten zugänglich zu machen und Vorschläge für einen bewussten Umgang mit ihr zu unterbreiten. Dabei haben wir die Lern- und Kommunikationssituation von Schüler_innen mit Deutsch als Zweitsprache im Blick und formulieren mit dem von uns erstellten „Unterrichtsprinzip des kritisch-reflexiven Variationsgebrauchs" didaktisch-methodische Vorschläge für die Erleichterung von komplexen Sprachaneignungsaufgaben. Auch der Sprachkontakt zwischen dem Deutschen und den Migrationssprachen (z.B. Arabisch, Bosnisch, Türkisch) soll im vorliegenden Band nicht unterschlagen werden, wird das Deutsche doch von ihm beeinflusst bzw. kontextgebunden verändert, was die sprachliche Variationsbreite weiter vergrößert. Das Hauptinteresse des Materialbandes richtet sich vor allem auf die Frage der Gestaltung der Unterrichtskommunikation an Regelschulen und die Vermittlung des Deutschen unter Berücksichtigung der Variation des Deutschen, auch im Sinne der „Durchgängigen Sprachbildung" (Lange & Gogolin, 2010). Das Grundlagenwissen soll sich auf verschiedene Regionen beziehen, wobei die Vorschläge auf eine allgemeine Ebene gehoben und über ihre Region hinaus nutzbar gemacht werden.

Auf den folgenden Seiten finden unsere Leser_innen, die vielleicht noch im Studium sind oder schon in der Praxis stehen, zunächst Informationen zu linguistischen Grundkonzepten und Begriffen. Nach diesen Grundlagen geben wir Beispiele aus dem Unterricht, die im Hinblick auf die Variation des Deutschen analysiert werden. Die mit dieser Variation verbundenen Herausforderungen werden anschließend systematisiert. Nicht zuletzt möchten wir auch auf die oben vielleicht bereits angeklungene Frage des Ausdrucks von Zugehörigkeit über den Einsatz von Variation eingehen und pädagogische Aspekte zum Umgang mit dem komplexen Verhältnis von In- und Outgroup-Konstruktionen durch Variation thematisieren. Abgerundet wird der Materialband mit Vorschlägen für die Deutschvermittlung und den reflektierten Variationsgebrauch im Regelunterricht verschiedener Fächer mit einer fächerübergreifenden Perspektive. Für den Band zentrale Begriffe, die nicht in Kapitel 3 dargelegt werden, sind im Index am Ende des Bandes aufgeführt. Der Index verweist auf Textstellen, an denen der jeweilige Begriff am umfassendsten erläutert wird.

Innsbruck, Schlüßlberg, Weikendorf und Wien im Frühjahr 2021
Die Autor_innen

2. Grundlagen zur sprachlichen Variation im Deutschen

Es gibt verschiedene Perspektiven auf Geschichte und Gegenwart der deutschen Sprache. Je nach Blickwinkel variieren auch die Bezeichnungen für die verschiedenen historischen und gegenwärtigen Formen dieser Sprache. Die verwendeten Bezeichnungen sind nicht immer trennscharf voneinander unterscheidbar und veränder(te)n sich im Laufe der Zeit. Es existiert daher eine Vielzahl an Möglichkeiten, das Deutsche eines bestimmten Zeitpunkts zu identifizieren. Dabei kommen in unterschiedlichen Kombinationen (sozio-)linguistische, chronologische und geografische Kriterien zum Einsatz. Der Blickwinkel, aus dem ein Thema – im vorliegenden Fall ist es die Variation im Deutschen im Kontext von Vermittlung und Gebrauch von Deutsch als Zweitsprache – für eine bestimmte Zielgruppe und zu einem bestimmten Zweck aufbereitet wird, nimmt Einfluss auf die Darstellung von Hintergrundwissen und Grundlagen.

Schlüsselbegriffe: Variation und Variante

Variation bezieht sich auf die (Menge der) Möglichkeiten sprachlicher Formen und Ausdrücke und damit auf die grundsätzliche Möglichkeit von Sprache(n) nicht starr, unveränderbar und homogen zu sein, sondern in bestimmten Bereichen zu variieren (vgl. Glück & Rödel, 2016, S. 746f.).

Variante verweist auf die konkrete Realisierung sprachlicher Elemente in einer bestimmten Äußerung (vgl. ebd., S. 746). Je abstrakter man sich auf die potenzielle Vielzahl sprachlicher Möglichkeiten bezieht, desto eher wird von Variation gesprochen. Betroffen sind alle sprachlichen Bereiche, d.h. Wortschatz, Wort- und Satzbedeutung, Grammatik, Schreibung, Aussprache und Betonung. Z.B. ist die Aufforderung *Gehen wir!* eine Variante der Äußerung *Lass uns gehen!* (oder auch umgekehrt). Weitere Varianten sind *Geh_ma!* oder *Gehen_wa!* Varianten können nach bestimmten Kriterien geordnet werden, bspw. nach Stilebenen (z.B. gehoben, familiär) oder nach regionaler Verbreitung (z.B. Niederdeutsch, Sächsisch, Alemannisch) oder nach dem Grad der Standardsprachlichkeit. So können z.B. *Gehen wir!* und *Lass uns gehen!* als standardsprachliche Variation und *Geh_ma!* oder *Gehen_wa!* als dialektnahe Variation gelten.

In der Sprachwissenschaft interessiert man sich nicht nur für die Formen von Variation, sondern auch dafür, welche sozialen Funktionen Variation hat, also beispielweise dafür, welchen Unterschied es ausmacht, wenn *Wollen wir gehen?* oder *Let's geh_ma?* gesagt wird. Sprachliche Variation ist immer das Ergebnis sozialen Handelns. Es gibt kein sprachliches Handeln und damit auch keinen Sprachgebrauch außerhalb von Variation.

In diesem Kapitel wird eine grobe Orientierung geboten, die es Studierenden aller Lehramtsfächer und Lehrkräften an Regelschulen[4] ermöglichen soll, (dialektale, standardsprachliche, mündliche, schriftliche, ...) Formen bzw. Gebrauch, Vermittlung und Funktion von Variation des Deutschen in historische und (daraus resultierende) gegenwärtige Kontexte einordnen und darüber reflektieren zu können. Formulierungen, Bezeichnungen und Erklärungen im Hinblick auf historische und gegenwärtige Formen des Deutschen sind als pragmatische Wahl aus einer Vielzahl an teils kontroversen wissenschaftlichen Darstellungen zu verstehen. Der Entscheidung zugunsten bestimmter Darstellungen zur Sprache Deutsch sind neben der Einschätzung themenspezifischer Relevanz und Stringenz auch Überlegungen zum vermutlich bestehenden Vorwissen und Interesse der Zielgruppe der (zukünftigen) Lehrkräfte verschiedener Unterrichtsfächer vorangegangen. Eine intensivere und weiterführende Beschäftigung mit Variation in Hinblick auf Geschichte und Gegenwart des Deutschen und den damit verbundenen Grundlagen wird durch die Verwendung z.B. folgender Überblickswerke ermöglicht.

1. Zur Geschichte der deutschen Sprache:
   - König, Werner, Elspaß, Stephan & Möller, Robert (2019[19]). *dtv-Atlas Deutsche Sprache*. München: dtv.
2. Zum gegenwartsbezogenen kartografischen Überblick über die Variation in der Alltagssprache:
   - Elspaß, Stephan & Möller, Robert (2003ff.). *Atlas zur deutschen Alltagssprache (AdA)*. Open-access-Publikation: www.atlas-alltagssprache.de
3. Zum Einblick in Zusammenhänge zwischen Sprache, Variation und Gesellschaft
   - Barbour, Stephen & Stevenson, Patrick (1998). *Variation im Deutschen. Soziolinguistische Perspektiven*. Berlin, New York: de Gruyter.
   - Stevenson, Patrick, Horner, Kristine, Langer, Nils & Reershemius, Gertrud (2018[2]). *The German Speaking World. A Practical Introduction to Sociolinguistic Issues*. London, New York: Routledge.
4. Zu sprachwissenschaftlichen Begriffen:
   - Bußmann, Hadumod (2008[4]). *Lexikon der Sprachwissenschaft*. Stuttgart: Kröner.
   - Glück, Helmut & Rödel, Michael (2016[5]). *Metzler Lexikon Sprache*. Stuttgart: J. B. Metzler.

4 Im vorliegenden Materialband beziehen wir uns aus Platzgründen überwiegend auf das Regelschulwesen, gehen aber davon aus, dass die Informationen und Vorschläge auch in anderen (Aus-)Bildungskontexten nutzbar sind.

2.1 Das Deutsche bis zur Neuzeit

Deutsch zu sprechen, bedeutete bis ins 19. Jahrhundert hinein, d.h. mehr als 1000 Jahre lang, Gespräche ausschließlich mittels regionaler oder dialektaler Variation zu realisieren (vgl. König et al., 2019, z.B. S. 59–85, 101, 108ff.). Spätestens seit dem Beginn desselben Jahrhunderts sind standardisierte bzw. überregional verständliche und verbindliche Formen des Deutschen relevant (vgl. Elspaß, 2005, S. 63). Die Entwicklung standardsprachlicher Variation des Deutschen hing und hängt mit der Entwicklung von Schreib- und Aussprachenormen zusammen (vgl. z.B. König et al., 2019; Elspaß, 2005). Das Ziel der Normierung ist es, durch gültige Regeln für überregionale und überindividuelle Verständlichkeit zu sorgen. Diese Notwendigkeit ergab sich erst ab der Neuzeit.

2.2 Das Deutsche in der Neuzeit

Das, was heute unter Deutsch – genauer gesagt unter Standarddeutsch – verstanden wird, steht u.a. in Zusammenhang mit der Person Martin Luther. Mit seiner Bibelübersetzung trug er zur Standardisierung des Deutschen bei, indem er die ihm nahestehende, bekannte und zugängliche gesprochene und geschriebene Variation des Deutschen berücksichtigte (vgl. König et al., 2019, S. 93, 97, 101). Dazu gehörten vor allem hochdeutsche Dialekte, die Verwaltungssprache der Wiener Kaiserlichen Kanzlei und insbesondere die Behördensprache des Kurfürstentums Sachsen (ebd.). Grundsätzlich ist festzustellen, dass Luther bei der Übersetzung von Bibeltexten aus antiken Sprachen ein Schreiblautungsprinzip verfolgte, das damalige ostmitteldeutsche Varietäten (insbesondere Sächsisch) präferierte (vgl. ebd., S. 97). Dennoch fielen manche Standardisierungsentscheidungen Luthers zugunsten der Varietäten des Deutschen südlich gelegener Gebiete des deutschen Sprachraums aus (vgl. ebd.).

Schlüsselbegriff: Der deutsche Sprachraum
„Der deutsche Sprachraum" bezeichnet das Verbreitungsgebiet der deutschen Sprache. Allerdings heißt das nicht, dass in diesem Gebiet nur Deutsch gesprochen und geschrieben wurde und wird. Es war und ist ein geografisches Gebiet mit vielen Sprachen. In der vorliegenden Publikation beziehen wir uns v.a. auf Deutschland, Österreich und die Deutschschweiz.

Das heutige (Standard-)Deutsch basiert auf Standardisierungsbestrebungen, die bereits vor dem 16. Jahrhundert einsetzten (vgl. Elspaß, 2005, S. 63). Spätestens im 18. Jahrhundert kann seine Entwicklung zumindest in Form von Schriftdeutsch als weitgehend abgeschlossen betrachtet werden (vgl. König et al., 2019, S. 91, 101; Elspaß, 2005, S. 63). Eine führende Rolle kam bei der Entwicklung des (Standard-)Deutschen jener Varietät des Deutschen zu, die im Kurfürstentum Sachsen als mustergültig galt bzw. damals in Regionen des heutigen Ostmitteldeutschlands üblich war (vgl. König et al., 2019, S. 91, 97, 101). Die Varietät des Deutschen dieser Regionen dominierte bis ins 18. Jahrhundert hinein gegenüber den Varietäten des Deutschen südlicher Gebiete (vgl. ebd., S. 101). Dies hat erstens damit zu tun, dass ostmitteldeutsche Schriftsteller_innen zu dieser Zeit sehr einflussreich waren und das von ihnen benutzte Deutsch hochhielten, und ist zweitens auch darauf zurückzuführen, dass zur selben Zeit im damaligen Bayern und Österreich vornehmlich Latein als Bildungssprache fungierte und somit Deutsch in diesen Regionen in Bildungskontexten eine geringe Bedeutung zukam (vgl. ebd.).

Schlüsselbegriffe: Niederdeutsch und Hochdeutsch

Wenn Unterschiede und Gemeinsamkeiten von Varietäten des Deutschen diskutiert werden sollen, geht es um ein sehr breites Spektrum. Denn neben Varietäten in der deutschen Standardsprache gibt es aus der Sicht der klassischen Dialektologie mehr als 50 deutsche Dialekte im deutschen Sprachraum (vgl. König et al., 2019, S. 230f.). Es gibt verschiedene Möglichkeiten und Ansichten, Erscheinungsformen des Deutschen zu benennen und zu gliedern. In dem vorliegenden Materialband wird wie in der klassischen Dialektologie zwischen (Dialekten des) Niederdeutsch(en) und (Dialekten des) Hochdeutsch(en) unterschieden. Obwohl exaktere Untergliederungen möglich wären, wird aus pragmatischen Gründen von Norddeutschland, wo niederdeutsche Dialekte gesprochen werden, Mitteldeutschland sowie Süddeutschland, Österreich und der Deutschschweiz, wo hochdeutsche Dialekte verbreitet sind, gesprochen.

Die Bezeichnung „Hochdeutsch“ wird auch in der Alltagssprache verwendet. Dort bezieht sie sich auf das, was man in der Sprachwissenschaft u.a. mit dem Begriff „Standarddeutsch“ verbindet. Das Standarddeutsche kommt auch im Zusammenhang mit den Amts- und Nationalsprachen zum Tragen. Der fachlichen Bezeichnung „Niederdeutsch“ entsprechen die Bezeichnungen „Platt“ oder „Plattdeutsch“.

Das, was heute international unter der Sprache „Deutsch“ verstanden wird, ist sprachwissenschaftlich gesehen auf die Genese hochdeutscher Dialekte zurückzuführen, die sich wiederum in mitteldeutsche und oberdeutsche Dialekte untergliedern lassen (s. Abbildung 1 in Abschnitt 2.5.3). Sie entstanden im Zuge der sog. zweiten, auch (alt-)hochdeutschen, Lautverschiebung, die spätestens im 9. Jahrhundert abgeschlossen war (vgl. König et al., 2019, S. 63ff.). Während die erste, auch germanische, Lautverschiebung dazu führte, dass aus dem Indogermanischen das Germanische, wie z.B. das Westgermanische, entstand, führt die hochdeutsche Lautverschiebung dazu, dass in (Dialekte des) Niederdeutsch(en) und Hochdeutsch(en) unterschieden werden kann. Vorwiegend aus (Dialekten des) Hochdeutsch(en) entwickelte sich die heutige Amts- oder Nationalsprache Deutsch in Deutschland, in Österreich und in der Deutschschweiz (vgl. König et al., 2019).

Die sog. „Benrather Linie" verläuft in etwa von Eupen über Aachen, Benrath, Siegen, Kassel, Dessau, Wittenberg nach Frankfurt an der Oder und trennt (Dialekte des) Niederdeutsch(en) und Hochdeutsch(en) voneinander (vgl. Riecke, 2016, S. 12). Diese Isoglosse (= Sprachkartenlinie) entspricht auch der *ik-ich-* und *maken-machen-*Linie (vgl. König et al., 2019, S. 230f.). Das heißt, dass südlich dieser Linie die Aussprache „ich"/ „machen" und nördlich der Linie die Aussprache *ik/ maken* verbreitet ist. Bis heute wird mit der „Benrather Linie" gearbeitet, um nördlich von ihr niederdeutsche Dialekte und südlich von ihr hochdeutsche Dialekte zu verorten (vgl. Riecke, 2016, S. 12f.).

2.3 Entwicklung des gegenwärtigen Deutsch

Spätestens mit der Einführung der allgemeinen Schulpflicht durch Kaiserin Maria Theresia von Österreich zum Ende des 18. Jahrhunderts war mit der Habsburgermonarchie auch der Süden aus (bildungs-)politischen Gründen an der Berücksichtigung von (Standard-)Deutsch interessiert (vgl. Scheuringer, 2002, S. 78). Eine besondere Herausforderung bestand und besteht dabei bei der Interpretation der Regel „Schreib wie du sprichst", denn die Aussprache des Deutschen südlicher Sprecher_innengemeinschaften unterscheidet sich von jener in anderen Verbreitungsgebieten dieser Sprache bis heute nicht unerheblich, z.B. ist die Realisierung von *„a"* im Süden meistens wesentlich dunkler bzw. in Richtung eines *„o"*-Laut tendierend (vgl. ebd., S. 78f.). Es zeichnete sich jedoch bereits zu Beginn des 19. Jahrhunderts ab, dass sich in Schulkontexten für die Realisierung von *„a"* der Lautwert *„a"* gegenüber dem Lautwert *„o"* durchgesetzt hatte (vgl. ebd., S. 78). Beschulung an sich ist im deutschen Sprachraum generell ein Faktor, der ab dem 18. Jahrhundert dafür sorgt, v.a. in Bildungskontexten dialektale Variation tendenziell zu (ver-)meiden und Standarddeutsch zu begünstigen (vgl. König et al., 2019; Elspaß, 2005). Gut nachzuvollziehen ist dies mit Bestrebungen, Grammatik, Schreibung sowie Aussprache des Deutschen für Schulzwecke zu normieren; solche Normierungsbestrebungen gehen bis ins 20. Jahrhundert hinein (vgl. Elspaß, 2005). Wenn man Aktualisierungen hinsichtlich Rechtschreibung nach dem Jahr 2000 mitberücksichtigt, reichen sie bis ins 21. Jahrhundert.[5] Im Norden Deutschlands führt die Einführung von (Standard-)Deutsch als Schulsprache dazu, niederdeutsche Dialekte in der Schule nicht und in der Öffentlichkeit immer weniger zu gebrauchen (vgl. König et al., 2019, S. 135). In den südlichen Regionen hat die Einführung von (Standard-)Deutsch als Schulsprache keine so radikalen Auswirkungen auf den Deutschgebrauch in der Öffentlichkeit (vgl. König et al., 2019, S. 134–137; Scheuringer, 2002, S. 79ff.).

Neuland und Hochholzer (2006) weisen nach, dass an Schulen in Deutschland dialektnahes Sprechen nach wie vor relevant ist. Darauf, dass an Österreichs Schulen neben standardsprachlicher Ausdrucksweise auch Dialektnähe eine bedeutende Rolle spielt, verweisen u.a. de Cillia und

5 Vgl. hierzu bspw. die vom Duden veröffentlichte Geschichte der deutschen Rechtschreibregelungen: https://www.duden.de/ueber_duden/geschichte-der-rechtschreibung (Zugriff am 16.02.2021)

Ransmayr (2019, S. 56f., 202f.). Für die Deutschschweiz stellen z.B. Ender, Wei und Straßl (2007, S. 26) fest, dass die Aneignung der deutschen Sprache und Schrift „im Spannungsfeld zwischen Dialekt und Hochsprache" steht. Kompetenzen in beiden Varietäten sind in der Schweiz für den (vor-)schulischen Alltag relevant (vgl. Schmidlin, 2018). Pausengespräche, aber auch die Vermittlung von Inhalten in den sog. weichen Fächern (z.B. Musik und Sport) finden tendenziell dialektnahe statt, während in den sog. harten Fächern (z.B. Mathematik) die Standardnähe dominant ist (vgl. Berthele, 2010). Auch in Oberösterreich zeigen Unterrichtsbeobachtungen, dass der Regelunterricht im mündlichen Bereich fast vollständig im Dialekt bzw. dialektnah durchgeführt wird, unabhängig von der Tatsache, dass erst kürzlich nach Österreich (an-)gekommene Kinder und Jugendliche am Unterricht teilnehmen (Grabenberger, 2018; Blaschitz et al., 2020); weitere empirische Belege stammen aus dem Kontext der Lehrlingsausbildung in Oberösterreich (Perner, 2020).

Schlüsselbegriff: Varietät
Es gibt verschiedene Definitionen von Varietät. Gängig ist die Sichtweise, dass Varietäten als „funktional voneinander geschiedene, konstitutive Subsysteme des Gesamtsystems einer Sprache" (Dittmar & Schmid-Regener, 2001, S. 521) zu verstehen sind. Es ist im Blick zu behalten, dass Varietät genauso wie Sprache keine festgefügte und unveränderbare Einheit darstellt. Mit Spiekermann (2010, S. 344) sind Varietäten immer „theoretisch idealisiert". Ob und inwiefern diese Subsysteme tatsächlich voneinander abzugrenzen sind, wird in der Sprachwissenschaft kontrovers diskutiert. Im vorliegenden Materialband werden z.B. die beiden Pole (Basis-)Dialekt und Standardsprache bzw. -varietät als Varietät bezeichnet und auch alle anderen Regiolekte und Dialekte als Varietät verstanden. Unter entsprechender theoretischer Perspektive kann auch Umgangssprache als eine Varietät verstanden werden.

2.4 Regionen

2.4.1 Norddeutschland

Im heutigen Deutschland wird neben anderen Sprachen weitgehend, aber nicht nur, (Hoch-)Deutsch gesprochen. Im Norden des heutigen Deutschlands – bzw. nördlich der „Benrather Linie" – wird auch Niederdeutsch gesprochen, das auch unter der Bezeichnung Plattdeutsch (vgl. König et al., 2019, z.B. S. 103) bekannt ist und oft fälschlicherweise als Dialekt des (Hoch-)Deutschen bezeichnet wird. Der Norden Deutschlands vollzog nach dem Untergang der vor allem im 14. und 15. Jahrhundert sehr einflussreichen Hanse (einer Vereinigung norddeutscher Kaufleute) einen umfassenden Sprachwechsel von Nieder- zu Hochdeutsch (vgl. ebd., S. 77, 103). Das führte dazu, dass in den betroffenen Regionen (Hoch-)Deutsch als Fremdsprache gelernt wurde (vgl. ebd., S. 135) und daher oft eine sehr strikte hochdeutsche Aussprache entstand. Sprecher_innen im Norden des heutigen Deutschlands gaben ihre niederdeutsche Sprache auf und hielten sich strikt an die neue mitteldeutsche Aussprache. Da diese neue Sprache nicht in der Region entstanden war, gab es keine fließenden Übergänge zwischen Dialekt und Standard wie im Süden, weshalb wir dort kein Dialekt-Standard-Kontinuum wie im Süden des deutschen Sprachraums vorfinden. Dennoch gibt es Gebiete, in denen sich Platt- bzw. Niederdeutsch bis heute gehalten hat (vgl. ebd., S. 135) und sogar an Schulen vermittelt wird (vgl. ebd. und z.B. Landesbehörde Niedersachsen, 2011). Niederdeutsch bzw. niederdeutsche Dialekte sind heute im Großraum von z.B. Hamburg oder Kiel in Gebrauch. Der Gebrauch des Standarddeutschen steht in norddeutschen Regionen nicht mit hochdeutschen, sondern mit niederdeutschen Dialekten in Kontakt (vgl. König et al., 2019, S. 135; Riehl, 2014, S. 17f., 148). Der Einfluss der niederdeutschen Dialekte auf das Standarddeutsche ist allerdings gering (Bsp.: „tüddeln" = ‚trödeln').

2.4.2 Mitteldeutschland

Die mitteldeutschen Dialekte sind z.B. im Großraum der Stadt Luxemburg sowie von Köln, Koblenz, Kaiserslautern, Frankfurt, Kassel, Erfurt, Leipzig, Dresden und Berlin verortet. Es handelt sich dabei u.a. um das Moselfränkische, das Rheinpfälzische, das Hessische, das Thüringische und das Ost- oder auch Obersächsische. Es sind vor allem die mitteldeutschen Dialekte, aus denen sich in etwa zwischen dem 16. und 18. Jahrhundert Standarddeutsch in Wort und Schrift entwickelte, wie es im Wesentlichen auch heute noch besteht und in öffentlichen und schulischen Zusammenhängen häufig eingefordert wird.

2.4.3 Süddeutschland, Österreich und die Deutschschweiz

Die oberdeutschen Dialekte gliedern sich in Ostfränkisch, Bairisch und Alemannisch und sind allesamt sehr lebendig: das Ostfränkische in Teilen Bayerns, das Alemannische in Baden-Württemberg, der Deutschschweiz (dort auch als Schwyzerdütsch bezeichnet) und Vorarlberg, das Bairische in Bayern[6] und Österreich (außer Vorarlberg) sowie in der autonomen Provinz Südtirol. Insbesondere für das Bairische ist häufig das Dialekt-Standard-Kontinuum beschrieben, für das Alemannische in Vorarlberg wird dieses Modell – wie bereits erwähnt – nicht ausgeschlossen (vgl. Ender & Kaiser, 2009, 2014; Schönherr, 2016). Sowohl Bairisch als auch Alemannisch lässt sich wieder in mehrere Untergruppen gliedern (vgl. König et al., 2019, S. 230f.), die sich z.T. erheblich voneinander unterscheiden.

6 Die Bezeichnungen Bay(e)risch und Bairisch sind nicht gleichbedeutend. Bay(e)risch bezieht sich auf den Freistaat Bayern. Bairisch bezeichnet eine Dialektgruppe. Bairische Dialekte (sie werden unterteilt in Nord-, Mittel- und Südbairisch) werden in Teilen Bayerns, im Großteil Österreichs und in Südtirol gesprochen. Wie die Dialekte im süddeutschen Sprachraum insgesamt können sie als sehr vital bezeichnet werden.

2.4.4 Stadt / Land

Dass in der Stadt tendenziell weniger (basis-)dialektale (s. Abschnitt 2.6) und eher standardsprachliche bzw. standardnahe Varietäten als auf dem Land gebraucht werden, ist wohl gut bekannt und trifft letztlich nicht nur im deutschen Sprachraum zu. Das Klischee, dass in Hannover das beste Standarddeutsch gesprochen wird, ist sicherlich auch geläufig. Das alles heißt aber nicht, dass in Städten des deutschen Sprachraums keine oder kaum dialektale, dialektnahe Varietäten gebraucht würden und umgekehrt (vgl. kritisch zu „nostalgischen" Vorstellungen von Authentizität auch Bucholtz, 2003).

2.5 Standardsprache, Standardvarietät, Dialekt und Umgangssprache

2.5.1 Standardsprache

Die Übertragung von gesprochener Sprache in geschriebene und Überlegungen, ob sich Sprechen am Schriftbild zu orientieren hat oder nicht, begleiten Sprecher_innen in dominant deutschsprachigen Gesellschaften bis heute und schon lange vor dem 16. Jahrhundert (vgl. König et al., 2019, z.B. S. 59ff., 73, 76f., 90). Deutschsprachige Gemeinschaften schlugen jahrhundertelang Lösungen vor, Deutsch bzw. deutsche Dialekte zu verschriftlichen und eine standardsprachliche Varietät zu etablieren (vgl. König et al., 2019). Jene Vorschläge, die im Kontext Schule und Bildung gemacht wurden und werden, sind dabei am nachhaltigsten (vgl. Elspaß, 2005).

Im Gegensatz zu heute war es im 18. Jahrhundert im gesamten deutschen Sprachraum weit verbreitet, (Standard-)Deutsch am tatsächlich regional gesprochenen Deutsch zu messen und die Mustergültigkeit eines standardisierten Deutschs anzuzweifeln (vgl. König et al., 2019, S. 101). Dennoch existierte bis zum 19. Jahrhundert innerhalb des Gebiets des heutigen Deutschlands ein überregionales (Standard-)Deutsch in Form von Schriftdeutsch (vgl. ebd.), welches im Wesentlichen der heutigen deutschen Standardsprache entspricht, die in der Öffentlichkeit auch als „Hochsprache" oder als „Hochdeutsch" bezeichnet wird und auch für die schulische deutsche „Bildungssprache" (vgl. u.a. Gogolin & Lange, 2011) stehen kann (vgl. König et al., 2019; Elspaß, 2005). Der Einfluss dieser sprachlichen Entwicklung ist bis heute im gesamten deutschen Sprachraum in Wort und Schrift erkennbar. Im Norden Deutschlands löste er niederdeutsche Sprech- und Schreibweisen ab (vgl. König et al., 2019, z.B. S. 77, 103, 135) und im Süden des deutschen Sprachraums wirkte er auf die bairischen und alemannischen Sprecher_innengemeinschaften Süddeutschlands, Österreichs und der Deutschschweiz ein (vgl. ebd., z.B. S. 134–137). In den südlicheren Regionen gab es allerdings keinen Bruch mit den dialektalen Sprechweisen, sondern vielfache Übergangsformen zwischen ihnen und dem Standarddeutschen. Dies liegt auch daran, dass der Standard stärker an die Dialekte dieser Regionen anschließt als die Variation in den nördlichen Regionen.

Schlüsselbegriff: Standardsprache

Standardsprachen sind Normierungen von Sprache in mündlichen und schriftlichen Bereichen, die von staatlich anerkannten bzw. in Auftrag gegebenen Regelwerken vorgenommen werden. Für die deutsche Sprache wird der Duden, der eng mit dem „Internationalen Rat für deutsche Rechtschreibung" verknüpft ist, in mehreren Staaten als Standardnachschlagewerk benutzt, so auch in der Schweiz, ergänzt von der DUDEN-Ausgabe „Schweizer Hochdeutsch", das ausschließlich in der Schweiz gebräuchliche Wörter enthält (Bickel & Landolt, 2012). In Österreich erfüllt das Österreichische Wörterbuch die Funktion des Standardwerks für die öffentliche Deutschverwendung. Die Bildungsinstitution Schule sichert mit ihrem öffentlichen Erziehungs- und Bildungsauftrag die Weitergabe und Pflege der Standardsprache Deutsch. Gleichwohl fließt dialektale und umgangssprachliche Variation sowohl in den mündlichen als auch teils schriftlichen Sprachgebrauch in den Unterricht ein (vgl. Blaschitz et al., 2020; de Cillia & Ransmayr, 2019, S. 121–221). Der Gebrauch dialektaler oder umgangssprachlicher Variation im Kontext institutioneller Bildung wird zwar im Deutschunterricht teils unter dem Stichwort „innere Mehrsprachigkeit" thematisiert, aber darüber hinaus in der Schule kaum aufgegriffen.

Die Standardsprachen üben vor allem im schriftlichen Bereich einen großen Einfluss aus. Die (über-)institutionelle schriftliche Kommunikation muss sich an ihre Regeln halten. Eine solche Funktion beabsichtigt die Herstellung einer wenig missverständlichen Kommunikation, weshalb die Einhaltung der Regeln der Standardsprache in bestimmten Kontexten Sinn ergibt. Allerdings gerät die Künstlichkeit der Regeln der Standardsprache in der gesellschaftlichen Wahrnehmung dabei auch in den Hintergrund, sodass sie insbesondere in (Aus-)Bildungskontexten als „die richtige, schöne Sprache" einen Verzicht auf oder teils gar eine Abwertung von anderen Ausdrucksweisen mit sich bringt.

Standardsprachen reglementieren und reduzieren Variation sowohl im Bereich der Schreibung als auch in Wortschatz, Grammatik und Aussprache. Der historische Entstehungskontext der heute gültigen Standardvariation des Deutschen lässt alle Formen, die nicht diesem Reglement bzw. diesen Festschreibungen entsprechen, als irrelevant erscheinen.

Auch wenn die Standardsprachen stark normiert sind, entwickeln sie sich im Lauf der Zeit weiter und verändern sich, u.a. deshalb, weil die Grenzen zwischen Standardsprache, Umgangssprache und Dialekt fließend sind und weil sich neue Sprechweisen als Folge unterschiedlicher gesellschaftlicher Prozesse wie z.B. Globalisierung, Migration und Digitalisierung verbreiten und durchsetzen.

Der Gebrauch standardsprachlicher Variation bedeutet nicht, sich ganz und gar an Normen und Regeln in Nachschlagewerken wie z.B. dem Duden zu orientieren. Der tatsächlich gesprochene Standard – auch Gebrauchsstandard – unterscheidet sich vom kodifizierten bzw. präskriptiven Standard (vgl. Deppermann & Helmer, 2013, S. 113). Gebrauchsstandard (s. Kapitel 3) ist als „Variation innerhalb des Standards" (ebd.) zu verstehen, bei der das abstrakte Konzept des präskriptiven Standards zugunsten einer sprechsprachlichen (wenn man so will einer realitätsnahen) Norm aufgegeben wird (vgl. ebd.). Werden in standardnahen Sprechweisen nicht standardkonforme Merkmale auffällig, wird u.a. auch von „intendierter Standardaussprache" (Herrgen & Schmidt, 1985, S. 23) oder „intendierter Standardsprache" gesprochen (z.B. Lameli, 2004, 2006). Das Werturteil, dass bei solchen Äußerungen eine ungenügende Verwendung der Standardsprache stattfindet, ist vermutlich weit verbreitet. Auch die Einwirkung von Migrationssprachen auf das Deutsche, z.B. „Akzente", werden zuweilen als Fehler angesehen (vgl. Settinieri, 2011; s. auch Abschnitt 5.2). Aus sprachwissenschaftlicher Sicht geht es dabei um sich überlagernde Variation (Interferenzen) oder Sprachaneignung. Es kann sich auch um die (bewusste) soziale Markierung einer Sprechweise handeln, mit der die Zugehörigkeit zu einer bestimmten Gruppe ausgedrückt wird.

Die Konkurrenz zwischen Schreibung und Aussprache des Deutschen lässt sich mindestens bis ins 16. Jahrhundert zurückverfolgen (vgl. König et al., 2019, z.B. S. 101, 109) und stimmt auch heute Sprecher_innen mit Deutsch als Erst- und Zweitsprache im gesamten deutschen Sprachraum aus verschiedenen Gründen und Anlässen nachdenklich. Eine Festlegung von Aussprachenormen der deutschen Standardsprache wurde ab ca. 1800 relevant (vgl. König et al., 2019, S. 109f.). Dabei ging es darum, ein überregional verständliches Bühnendeutsch zu praktizieren (vgl. ebd.). Der Umgang mit diesen Ausspracheempfehlungen, die sich an Sprachvorbildern orientierten, die im (halb-)öffentlichen Diskurs mit dem heutigen Nord- und Mitteldeutschland in Verbindung gebracht werden, ist im Süden des deutschen Sprachraums – insbesondere in Österreich – ambivalent (vgl. Scheuringer, 2002, S. 78–81), wohl bis heute. Im Norden des deutschen Sprachraums ist die Orientierung an den Aussprachnormen zwar stärker ausgeprägt, trotzdem stimmt das Schreiblautungsprinzip „Man schreibt, wie man spricht" auch in diesen Gebieten nur zum Teil, wie Neumann (2000) mit einer Studie aus Hamburg zeigt.

Bei der Reflexion der Mustergültigkeit der deutschen Standardsprache sind Überlegungen miteinzubeziehen, die Variation und damit verbundene Ansprüche an Bildung und Kultur in den Blick nehmen. Zu proklamieren, dass die deutsche Standardsprache in Wort und Schrift umso relevanter ist, je schriftlicher, intellektuell anspruchsvoller und kulturell bedeutender eine Situation ist, ist nicht ausreichend – aus sprachwissenschaftlicher Sicht sogar unseriös. Auf Grund dieser Überhöhung der Standardsprache kommt es in überregionalen Kontakten immer wieder zu Irritationen, wenn festgestellt wird, dass eine regionalsprachliche oder (sogar) dialektale Prägung vor allem im Bereich der Aussprache in manchen Regionen des deutschen Sprachraums nicht sozial abgewertet wird und nicht als Zeichen von mangelnder Bildung gedeutet wird. Außerdem gibt und gab es Schriftsteller_innen, die sich zeitgenössisch umgangssprachlicher oder dialektnaher Variation bedienen und (gerade dafür) hohes Ansehen der Literaturwissenschaft genießen. Ein gutes Beispiel aus der neueren deutschsprachigen Literaturgeschichte dafür ist Hans Carl Artmann (1921–2000), der fast nur auf Bairisch-Österreichisch bzw. Wienerisch schrieb und dabei nur die Kleinschreibung verwendete (vgl. Rühm, 1967/1985). Aber auch Thomas Bernhard (1931–1989) verwendete bairische Varianten in vielen seiner Werke (vgl. Mittermayer, 2015). Thomas Manns (1875–1955) „Buddenbrooks" (1901), mit den vielen plattdeutschen Gesprächen, ist ein weiteres Beispiel aus der jüngeren Vergangenheit. Zudem sind Äußerungen von Sprecher_innen, die als Personen mit hohem Bildungsgrad verstanden werden könnten, durchaus auch durch dialektale Variation gekennzeichnet (vgl. z.B. Knöbl, 2012); *guat* statt *gut* oder *hot* statt *hat* zu sagen – also bairische Varianten zu verwenden – ist bspw. im bairischen Sprachraum auch in sog. gebildeten Schichten üblich.[7] So verwenden der in Oberösterreich geborene und u.a. in Wien tätige Physiker Werner Gruber oder der in Oberösterreich und Wien arbeitende Biologe und Verhaltensforscher Kurt Kotrschal bei ihren Auftritten in der Öffentlichkeit neben standardsprachlichen Varianten auch bairische. Der bayerische Politiker Markus Söder behält typische Merkmale der bairischen Sprechweise (z.B. stimmloser „*s*"-Laut, „Zungenspitzen-*r*", Lenisierung von Plosiven und „*a*"-Verdumpfung, s. Abschnitt 3.1) öfters auch außerhalb des süddeutschen Sprachraums bei, z.B. in Reden im Deutschen Bundestag in Berlin. Dialektale Variation bzw. Alemannisch zu verwenden, wird in der Deutschschweiz wohl von allen Bürger_innen erwartet und Migrant_innen zumindest nahegelegt (Berthele 2010, o.S.).[8]

Beim Gebrauch des Deutschen spielen nicht nur regionale Besonderheiten, sondern auch Binnenmigrationsprozesse eine wichtige Rolle:

1. Binnenmigration ist die weltweit am stärksten verbreitete Form von Migration. Sie bezeichnet den Umzug innerhalb eines Staatsgebiets und das Pendeln zwischen zwei Orten innerhalb eines Staatsgebiets. Umzüge und Pendeln finden natürlich auch innerhalb des deutschen Sprachraums über die Grenzen der einzelnen Nationen hinweg statt. Dass migrierende Sprecher_innen, in diesem Fall innerhalb eines Staatsgebietes, u.a. ihr sprachliches Repertoire mit im Gepäck haben, ist aus „migrationsgesellschaftlicher" (vgl. Mecheril 2010b, S. 11) Sicht nicht überraschend. Ziehen oder pendeln Sprecher_innen in Städte oder in Dörfer, sind durch sie auch ihre Sprechweisen an diesen Orten präsent. Außerdem ist davon auszugehen, dass sich aufgrund von Kontakt mit verschiedenen Sprechweisen auch die eigene Art und Weise des Sprechens verändert (vgl. Riehl, 2014, S. 143). Dass Sprechweisen einander beeinflussen, ist nicht außergewöhnlich (vgl. ebd.).

2. Insbesondere in Städten aber auch in ländlichen Gemeinden treffen verschiedene dialektale, dialektnahe und standardsprachliche bzw. standardnahe Repertoires aufeinander und entwickeln sich auch weiter. Es entstehen verschiedene regionalsprachliche Ausgleichsformen, die sich von den auf-

7 Eigene Beobachtung von Kevin Rudolf Perner.

8 Vgl. dazu bspw. Art. 14 „Eignung" im „Bundesgesetz über Erwerb und Verlust des Schweizer Bürgerrechts" (Stand 2013) oder Darstellungen zur Notwendigkeit dialektale Variation in der Deutschschweiz zu verstehen und zu sprechen von Deutschkursanbieter_innen wie z.B. von schweizerdeutsch-lernen.ch.

einandertreffenden Varietaten unterscheiden und an verschiedenen Orten wie München, Stuttgart und Wien völlig unterschiedlich klingen und voneinander auf allen linguistischen Ebenen unterscheiden. So lautet die regionenübergreifende Kurzform für ‚nein' in südlichen Regionen des Deutschen ‚*na*' und in nördlichen ‚*nee*'.

2.5.2 Standardvarietät

In diesem Abschnitt wird kurz darauf eingegangen, welche Rolle Staaten bzw. Nationen in der jüngeren Geschichte spielen, wenn es um Standarddeutsch in Schrift und Wort geht. Zu diesem Zweck werden beispielhaft die Nationalstaaten Österreich, die ehemalige Deutsche Demokratische Republik (DDR) und die Schweiz bzw. ihr amtlich deutschsprachiges Gebiet thematisiert.

Schlüsselbegriffe: Amts- und Nationalsprache

Deutsche Amts- und Nationalsprachen stehen in einem Naheverhältnis zur deutschen Standardsprache und zu den deutschen Standardvarietäten. Es gibt Möglichkeiten sowie Schwierigkeiten, diese Erscheinungsformen des Deutschen voneinander abzugrenzen (vgl. bspw. Barkowski & Krumm, 2010). Ihre Gemeinsamkeit ist ihre in der Öffentlichkeit anerkannte sprachliche Normierung. Sie kommt auch in Zusammenhängen mit (Aus-)Bildung zum Tragen. Sprachliche Normen sind „überregional verbreitet, amtlich institutionalisiert, präskriptiv kodifiziert und in der Schule Gegenstand und Mittel zum Zweck" (Shafer, 2018, S. 18).

Die Betonung der Eigenständigkeit eines eigenen (Standard-)Deutschen in Österreich, in der damaligen DDR und in der Deutschschweiz ist im Wesentlichen auf zwei Intentionen zurückzuführen: Zum einen dient(e) sie der Distanzierung von (Nazi-)Deutschland und zum anderen sollte damit ein konstitutives Element dieses Nationalstaats gebildet werden (vgl. Ebner, 2008, S. 11; König et al., 2019, S. 123, 137). Genau unter dieser Perspektive erschienen Kodifizierungen von (Standard-)Deutsch in Österreich, in der damaligen DDR und in der Schweiz, die u.a. im Kontext Bildung von hoher Bedeutung sind (vgl. Ebner, 2008, S. 11–14; König et al., 2019, S. 123, 137; Wiesinger, 2014, S. 231–257). Die Fortsetzung der Kodifizierungsbemühungen eines eigenen DDR-(Standard-)Deutsch wurde nach etwa 40 Jahren mit der Wiedervereinigung der beiden deutschen Staaten im Jahre 1989 obsolet. Diskussionen zu (Standard-)Deutsch in Österreich, in der Deutschschweiz und in Deutschland blieben hingegen bis heute aktuell; sie umfassen u.a. die Rolle der Variation in Bildungsinstitutionen wie Schulen und Hochschulen (vgl. Dannerer, 2019; de Cillia & Ransmayr, 2019; Dannerer & Mauser, 2018; Berthele, 2010; Neuland & Hochholzer, 2006), aber auch außerschulische Bereiche wie z.B. betriebliche Ausbildungsanteile der Lehrlingsausbildung (vgl. Perner, 2020).

Letzten Endes führen diese Entwicklungen zu mindestens drei voneinander allerdings nicht besonders stark abweichenden Standardvarietäten des Deutschen. Sie werden vielfach national gefasst als „österreichische,

Schweizer und (bundes-)deutsche Standardvarietät" (vgl. z.B. die entsprechenden Wörterbücher) oder aber areal definiert, zumal standardsprachliche Varianten bspw. in Wortschatz, Grammatik, Schreibung und Aussprache vielfach auch über die Grenzen der Nationalstaaten hinausreichen bzw. mit ihnen nicht zwingend zu tun haben müssen („pluriareal" bei Scheuringer, 1996, z.B. S. 152).

Schlüsselbegriff: Standardvarietät

Standardsprache und Standardvarietät teilen das Haupterkennungsmerkmal der Legitimierung über Reglement und Normierung sprachlicher Variation in Nachschlagewerken. Eine Besonderheit des Begriffs Standardvarietät gegenüber jenem der Standardsprache ist seine vornehmlich nationale oder areale Bezugnahme darauf. In Hinblick auf die Sprache Deutsch wird darauf durch die Bezeichnungspraxis „die österreichische, die Schweizer und die (bundes-)deutsche Standardvarietät" oder durch Bezeichnungen wie „Standard im süddeutschen Raum" oder „Deutsch in Österreich" aufmerksam gemacht. Genauso wie Standardsprache stehen auch Standardvarietäten im ideellen Mittelpunkt institutioneller Bildung. Ein einfaches Beispiel für die Standardvarietäten wäre das schweizerische Wort *Velo* für *Fahrrad* in Österreich und Deutschland. Auf Grund der medialen Dominanz des Deutschen in Deutschland kann davon ausgegangen werden, dass das Wort *Fahrrad* in allen deutschsprachigen Ländern bekannt ist, nicht aber *Velo*.

Im Zusammenhang mit der Vermittlung von Deutsch als Fremd- und Zweitsprache ist seit Längerem zu beobachten, dass den drei nationalen Standardvarietäten hohe Aufmerksamkeit geschenkt wird (vgl. bspw. Hägi, 2007; Barkowski & Krumm, 2010; Krumm, Fandrych, Hufeisen & Riemer, 2010; Shafer, 2018). Allerdings ist zugleich festzustellen, dass eine Unterscheidung der Standardvarietäten für Wissenschaftler_innen, Lehrkräfte und Lernende nicht unbedingt relevant sein muss (vgl. Ahrenholz & Oomen-Welke, 2017). Es gibt auch Stimmen, die die Konzentration auf die Standardvarietäten als übertrieben ansehen und vor einem über Sprache betriebenen Nationalismus warnen (vgl. z.B. Scheuringer, 1996; Glauninger, 2013).

2.5.3 Dialekt

Es gibt verschiedene Möglichkeiten, die Frage, was denn Dialekt ist, zu beantworten. Aus historischer Sicht können bestimmte Dialekte als Grundlage z.B. der Sprache gelten, die heute als „Deutsch" bezeichnet wird.

Die folgende Karte aus Elsen (Abbildung 1) veranschaulicht die gängige Binnengliederung des deutschen Sprachraums. Sie zeigt die geografische Verteilung der dialektalen Variation des Deutschen aus der Sichtweise der formorientierten Dialektologie. Diese Karte ist allerdings als idealtypisch zu sehen. Durch Binnenmigration, internationale Migration und Globalisierung ist eine viel größere sprachliche Vielfalt gegeben als hier dargestellt – und zwar innerhalb der identifizierten Regionen. Die Übersicht ist als grobe Orientierung über die regionale Variation des Deutschen zu verstehen. Rückschlüsse auf tatsächlichen Sprachgebrauch oder Dialektkompetenz von Sprecher_innen sind aus dieser Karte nicht zu ziehen.

Abbildung 1: Grobeinteilung der Dialekte im deutschsprachigen Raum (Elsen, 2013, S. 58)

Deutsche Dialekte können als Varietäten des Deutschen bezeichnet werden, wobei sie eine geringere kommunikative Reichweite und eine geringere überindividuelle Verbindlichkeit aufweisen (vgl. Glück & Rödel, 2016, S. 145, 669). Aus dieser Perspektive überrascht es wohl wenig, dass nicht dialektale, dialektnahe Ausdrucksweisen, sondern standardsprachliche, standardnahe Ausdrucksweisen mit der Bildungssprache Deutsch in Verbindung gebracht werden. Varietäten gelten auch als domänenspezifisch (vgl. ebd., S. 29f.), das heißt, dass z.B. im Unterricht andere Ausdrucksformen als zuhause im familiären Rahmen erwartet werden. Diese Erwartung ist eine, die in den Regionen und Nationalstaaten des deutschen Sprachraums auf verschiedene Art und Weise ausgelegt wird. Darüber hinaus gibt es auch einen individuellen Umgang mit diesen Erwartungen.

Schlüsselbegriff: Dialekt

Dialekte werden verstanden als areal gebundene, in sich regelhafte Varietäten, die primär im mündlichen Sprachgebrauch Verwendung finden, sekundär aber auch verschriftet werden können und dort z.T. auch Schreibtraditionen ausbilden. Dialekte haben sich historisch entwickelt. Vielfalt und Unterschiedlichkeit der Dialekte im Deutschen gelten als besonders hoch (vgl. z.B. Babour & Stevenson, 1998). Sie konkurrieren mit Standardisierungen oder Normierungen. Dialektale Sprechweisen (teils auch Schreibweisen) sind, wie manchmal geglaubt, keine Anhäufung sprachlicher Fehler; sie haben eine Systematik.

Dialekte werden überregional mehr oder weniger gut verstanden. Sie werden in verschiedenen Regionen in unterschiedlichen Kontexten in unterschiedlichem Ausmaß verwendet und unterschiedlich bewertet.

Für den deutschen Sprachraum gilt, dass negative und positive Konnotationen des Gebrauchs deutscher Dialekte koexistieren, nach Alter, Bildungsgrad, Situation, Gesprächspartner_innen, Familiensprachen, Region usw. variierend. Dialektale Sprechweisen haben im (halb-)öffentlichen Diskurs in Zusammenhängen mit (Aus-)Bildung ein schlechtes Image. Dennoch wird auch dialektale, dialektnahe Variation vor allem im mündlichen Bereich in (Aus-)Bildungskontexten verwendet, auch wenn öfter das Gegenteil behauptet wird.

Im Biologieunterricht an einem oberösterreichischen Gymnasium z.B. spricht die Lehrerin dialektnah, wenn sie sich an die gesamte Klasse richtet und standardnah, wenn sie sich Schüler_innen zuwendet, die gerade erst vor Kurzem nach Österreich gekommen sind (vgl. Blaschitz et al., 2020). Ein sehr bekanntes Beispiel aus Deutschland ist die Selbstbezeichnung „F/fränggisch“ oder „H/häsisch“ statt standardsprachlich „F/fränkisch“ oder „H/hessisch“ (vgl. zu „Fränggisch“ Niehaus 2018, S. 177f.). Sprecher_innen, die beabsichtigen, standardsprachlich zu handeln, verwenden auch dialektale Variation (vgl. z.B. Herrgen & Schmidt, 1985, S. 23; Lameli, 2006, S. 7–12; Auer, 2014, S. 9–14). Allerdings ist nicht jeder regionale Unterschied mit Dialekt gleichzusetzen; so z.B. gibt es im Standarddeutschen unterschiedliche Realisierungen des „*r*“-Lautes (vgl. z.B. König et al., 2019, S. 17; s. Abschnitte 3.1.4 und 3.1.5) bzw. wird im Süden des deutschen Sprachraums der „*s*“-Laut häufig stimmlos ausgesprochen (vgl. z.B. Zehetner, 1985, S. 52, s. Abschnitt 3.1.2).

Dialektsprecher_innen sprechen nicht nur Dialekt, sie verwenden auch standardsprachliche Variation. Besonders deutlich wird dies z.B. bei der Verwendung von Fachvokabular. In verschiedenen Bereichen gibt es keine dialektalen Entsprechungen für standardsprachliche Ausdrücke; dasselbe gilt auch umgekehrt. Solche Phänomene lassen sich mit der Dynamik erklären, die Sprache, Varietät oder Variation immer zugrunde liegt (vgl. Schmidt & Herrgen, 2011).

Dass sich Dialekte oder dialektale Merkmale trotz starker Standardisierungen halten, liegt auch daran, dass sie Zugehörigkeit und soziale Nähe symbolisieren (vgl. z.B. Riehl, 2014, z.B. S. 50f., 71, 143, 177–180; Auer, 2014, S. 13ff.).

Wie eine Reihe anderer Linguist_innen versteht auch Löffler (2005, S. 18) Dialekt und Standard „als die beiden äußeren Pole einer Sprachskala" und somit als „Gegensätze, die sich aus dem Gegenteil zum jeweils anderen definieren". Dialekt und Standard können also auch als Varietäten des Deutschen gefasst werden, mit und vor allem zwischen denen sich soziale Interaktion vollzieht. U.a. Löffler (2005) thematisiert in diesem Zusammenhang das Dialekt-Standard-Kontinuum, d.h. sukzessive Übergänge zwischen dialektaler, dialektnaher, standardsprachlicher und standardnaher Variation. Eine der Hauptfragen von Löffler (ebd.) ist, wo in diesem Kontinuum Grenzen zwischen den Varietäten Dialekt, Standardsprache und sog. Umgangssprache sind.

In der Sprachwissenschaft hat man vielfach versucht, dieses Kontinuum einzuteilen und die jeweiligen Abstufungen zu benennen. Dabei liegen unterschiedlich feinkörnige Unterteilungen vor. Allen gemeinsam ist aber, dass die Grenzziehung in der gesprochenen Sprache im Detail Probleme bereitet (ausführlich dazu vgl. Auer, 2010; Dannerer, 2019, S. 122–124).

2.5.4 Umgangssprache

Neben Standarddeutsch, Schriftdeutsch, Standardvarietäten und Dialekten des Deutschen, Variante, Varietät und Variation ist auch das zu thematisieren, was als „Umgangssprache" bezeichnet werden kann.

Genauso wie alle Entwicklungsstufen des Deutschen und andere Formen des Deutschen verfügt auch die Umgangssprache nie über eine überregionale und überindividuelle Einheitlichkeit (vgl. König et al., 2019). Ohne auf Einzelheiten einzugehen, fällt bei linguistischen Beschreibungen der Umgangssprachen im deutschen Sprachraum auf, dass sie sich im Norden, Süden, Westen und Osten immer schon voneinander unterschieden (vgl. ebd.). Umgangssprache weist in Bern, Freiburg oder Bregenz andere Merkmale auf als in Wien und in Hamburg oder Leipzig andere sprachliche Erscheinungsformen als z.B. in München oder Linz usw. (vgl. ebd.). Dasselbe gilt für Alltagsprache[9], welche in der Öffentlichkeit häufig mit Umgangssprache synonym gesetzt wird.

9 Vgl. dazu das seit einigen Jahren laufende Projekt „Atlas zur deutschen Alltagssprache" (Elspaß & Möller, 2003ff.).

Schlüsselbegriff: Umgangssprache

Es gibt verschiedene Möglichkeiten Umgangssprache zu definieren. Umgangssprache bezieht sich meistens auf eine Einzelsprache. Dabei ist umgangssprachliche Variation irgendwo zwischen den Varietäten Dialekt und Standardsprache anzusetzen, wo und wie genau wird vor allem sprachwissenschaftlich diskutiert. Unter Umgangssprache kann sowohl ein salopper, lockerer oder ungezwungener Einsatz von Sprache als auch der Gebrauch einer Sprache mit dialektalen und zugleich auch standardsprachlichen Elementen gemeint sein, die z.B. in formell(er)en Situationen als angebrachter als dialektale Variation gilt. Teilweise wird dafür auch der Begriff Regionalsprache verwendet (Schmidt & Herrgen, 2011).

Die Verwendung des Begriffs Umgangssprache und seine Abgrenzung von Dialekt oder Standardsprache hängt von der theoretischen Rahmung wie z.B. der Verfolgung pädagogischer sowie bildungspolitischer Leitlinien ab. Der Gebrauch der Umgangssprache kann verschieden interpretiert werden. Umgangssprachliches Handeln in der Schule kann bedeuten, den Gebrauch und die Vermittlung standardisierter und standardnaher Varietäten des Deutschen durchzusetzen bzw. sie dialektaler oder dialektnaher Varietäten vorzuziehen. Dabei spielt mitunter die explizite curriculare Verankerung des Zurückdrängens und (Ver-)Meidens nicht standardsprachlicher bzw. dialektaler Varietäten eine Rolle, woran Neuland und Hochholzer (2006, S. 177ff.) für Deutschland erinnern, wie aber auch aus Lehrplänen für österreichische Schulen[10] und den verschiedenen Bildungsplänen in Deutschland (Janle & Klausmann, 2020, S. 87–98) zumindest implizit hervorgeht.

Das, was als Umgangssprache verstanden wird, wird von Sprecher_innen im deutschen Sprachraum ganz unterschiedlich interpretiert (vgl. bspw. Barbour & Stevenson, 1998; König et al., 2019; Ender & Kaiser, 2009, 2014). Von allen Varietäten des Deutschen ist Umgangssprache am schwierigsten zu fassen. Umgangssprache kann als eine (Ausgleichs-)Varietät zwischen Dialekt und Standarddeutsch verstanden werden, die wiederum in mindestens zwei weitere Varietäten zerfällt, nämlich in „dialektnahe Umgangssprache“ und „standardnahe Umgangssprache“ (Barbour & Stevenson, 1998, S. 150). Es gibt verschiedene Studien zum Gebrauch des Deutschen, die eine solche Einteilung sinnvoll erscheinen lassen (vgl. Barbour & Stevenson, 1998, S. 150; Ender, Kasberger & Kaiser, 2017; Ender & Kaiser, 2009, 2014). Zugleich ist in Anlehnung an Auer (1986, S. 98) zu hinterfragen, ob oder inwiefern der Begriff Umgangssprache für bspw. pädagogische Zwecke nützlich sein kann, wenn mit ihm Variation pauschalisiert wird, die weder eindeutig dialektal noch eindeutig standardsprachlich ist.

10 Vgl. hierzu entsprechende Passagen der auf der Homepage des Bundesministeriums Bildung, Wissenschaft und Forschung (BMBWF) abrufbaren Lehrpläne für die verschiedenen Schultypen in Österreich (https://www.bmbwf.gv.at/Themen/schule/schulpraxis/lp.html).

2.6 Das Dialekt-Standard-Kontinuum

Unter der Perspektive des Dialekt-Standard-Kontinuum-Modells geht es nicht darum, sprachliche Elemente eindeutig und präzise als dialektale, standardsprachliche, umgangssprachliche, dialektnahe oder standardnahe einzuordnen, sondern mit Auer (1986), Barbour und Stevenson (1998) und in Folge im Kontext von Unterricht und Vermittlung von Deutsch als Zweitsprache mit Blaschitz et al. (2020) darum, sich der Dynamik in Interaktionen zuzuwenden, die sich zwischen den Polen (Basis-)Dialekt und Standard entwickelt. In Anbetracht der Tatsache, dass Deutsch wohl zu den vielförmigsten Sprachen Europas gehört (Barbour & Stevenson, 1998, S. 2), handelt es sich beim Umgang mit dem Dialekt-Standard-Kontinuum für den Wissenschafts- und Bildungsbetrieb im Kontext von Deutsch als Zweitsprache um eine herausfordernde Unternehmung, vor allem in den südlichen Regionen des deutschen Sprachraums.

Das sprachliche Handeln im Dialekt-Standard-Kontinuum ist als ein Gleiten in einem Raum zu verstehen, der sich zwischen den Polen Standardsprache und Basisdialekt aufspannt. Unter Basisdialekt ist mit Zehetner (1985, S. 19) eine Sprechweise zu verstehen, welche kleinsträumig z.B. in einem Dorf belegt ist („Dorfdialekt“, ebd.). Sprecher_innen, die nur Basisdialekt verwenden würden, entsprechen einem romantisierenden Modell der klassischen Dialektologie und gehen von Immobilität bzw. davon aus, dass solche Sprecher_innen keinen Kontakt zu Standarddeutsch hätten und dementsprechend standardsprachliche Formen nicht situational einbinden würden, was aufgrund der Reichweite der Medien im 21. Jahrhundert kaum denkbar ist. „Einen reinen Nur-Dialekt-Sprecher wird man heute kaum noch auftreiben, es sei denn, man findet einen alten Einödbauern in einem abgelegenen Hochtal, der zeitlebens auf seinem Hof im Kreis seiner Familie und der nächsten Umgebung gelebt hat“ (ebd.). Anzumerken ist, dass gemäß des Dialekt-Standard-Kontinuum-Modells das Sprechen nicht nur an einem der Pole, sondern vielmehr zwischen diesen beiden Polen stattfindet. Die Verschiebung der sprachlichen Elemente während des Sprechens in Richtung des einen oder anderen Pols betrifft alle Möglichkeiten sprachlicher Variation (Wortschatz, Wort- und Satzbedeutung, Grammatik, Schreibung und Aussprache), ist durch ständige und allmähliche Übergänge gekennzeichnet und kann sehr subtil sein (vgl. Auer, 1986).

Von den frühesten Anfängen des Deutschen an (vor 800 n. Chr.) gibt es in den Regionen des deutschen Sprachraums keine Gleichförmigkeit. Schon immer sind sich Sprecher_innen, die mit Deutsch aufgewachsen sind, in der Regel dieser Eigenschaft des Deutschen bewusst. Manchmal kennen sie auch lautliche oder grammatische Besonderheiten in einer bestimmten Region. Genauso bewusst sind sie sich auch dessen, dass sich mündliches und schriftliches Standarddeutsch bzw. Standardvarietäten des Deutschen und das Deutsche in Bildungskontexten von ihrer alltäglichen Routine, Gespräche zu führen, in einem bestimmten Ausmaß unterscheiden. Inwiefern und wie bewusst Lehrkräfte deutsche Varietäten bzw. Variation des Deutschen im Unterricht aller Fächer, der de facto immer auch Deutschvermittlung bedeutet, einsetzten oder auch nicht, ist noch zu erforschen.

2.7 Code Switching und Code Shifting

In der sprachwissenschaftlichen Fachliteratur gibt es unterschiedliche Bezeichnungen für die Dynamik im Dialekt-Standard-Kontinuum. Wir präferieren in Anlehnung an Auer (1986) den Ausdruck „Code Shifting", der ausdrückt, dass es v.a. in der gesprochen Sprache keine scharfe Trennung der Varietäten, sondern ein ständiges Hin und Her zwischen den beiden Polen (Basis-)Dialekt und Standard gibt. Dies ist etwa in südlichen Regionen Deutschlands und in denjenigen Teilen Österreichs, in denen bairische Dialekte gesprochen werden, der Fall. Dort ist es kaum möglich, in Gesprächen Varietäten klar voneinander zu unterscheiden. Daher ist im Sinne dieses Modells kein „Umschalten" zwischen Varietäten, sondern vielmehr ein „Gleiten" zwischen zwei Varietäten, die oben als die Pole Standard (-sprache) und (Basis-)Dialekt beschrieben wurden, beobachtbar. Der in diesem Fall stattfindende „kontinuierliche[n] Übergang zwischen einer standardnäheren zu einer dialektnäheren Sprechweise (bzw. umgekehrt)" (Auer, 1986, S. 97) wird mit dem Begriff „Code Shifting" bezeichnet.

In Gebieten, in denen eine stärkere Trennung von Dialekt und Standard stattfindet, ist eher von Code Switching zu sprechen. Z.B. kann in norddeutschen Regionen, in denen Platt- bzw. Niederdeutsch gesprochen wird, eher vom Code Switching als vom Code Shifting die Rede sein.

Vom Code Switching wird auch im Zusammenhang mit der Deutschschweiz gesprochen. Traditionell wird die sprachliche Situation in der Deutschschweiz als Diglossie bezeichnet (vgl. Ferguson, 1959 zitiert nach Ender, Wei & Straßl, 2007, S. 25). Mit Riehl (2014, S. 16–20) bedeutet Diglossie, die „Arbeitsteilung" zweier Varietäten (auch Sprachen). Das heißt, dass die standardsprachliche Varietät in formellen Kontexten wie z.B. Unterricht und die dialektale Varietät in informellen Kontexten wie z.B. privaten Konversationen Anwendung findet. Diglossie wird auch häufig für die alemannische Dialektregion in Vorarlberg angenommen. Für beide Regionen wird die diglossische Situation aber zunehmend auch in Frage gestellt (vgl. z.B. Berthele, 2010; Ender & Kaiser, 2009, 2014; Schönherr, 2016).

Code Switching ist auch bekannt als typische Sprachverwendung mehrsprachiger Menschen. Wir alle haben z.B. in den öffentlichen Verkehrsmitteln schon einmal gehört, dass Kinder, Jugendliche und Erwachsene zwischen Sprachen wie z.B. Arabisch, Russisch und Deutsch hin- und herwechseln. Dabei handelt es sich um einen strategischen Wechsel zwischen den Sprachen, wobei „strategisch" nicht heißen muss, dass sich die Sprecher_innen der Strategien bewusst sind und sie erklären können. Während alltagsweltliche Vorstellungen häufig davon ausgehen, dass es sich beim Code-Wechsel um ein sprachliches Defizit handelt, ist die wissenschaftliche Sicht darauf eine andere. Sowohl der Begriff Code Switching als auch der Begriff Code Shifting nehmen Sprachwechsel funktional in den Blick: Dabei geht es aus soziolinguistischer Sicht darum, welche kommunikativen Funktionen Sprachwechselphänomene haben (vgl. Riehl, 2014; Auer, 1986).

In Gebieten, in denen eine schärfere Trennung zwischen Dialekt und Standardsprache besteht (Diglossie), ist die Problemlage für Deutschlernende anders als in Gebieten, in denen der Deutschgebrauch von einem in den meisten Kommunikationssituationen unentwegt stattfindenden fließenden Übergang zwischen den Polen (Basis-)Dialekt und Standardsprache gekennzeichnet ist (Dialekt-Standard-Kontinuum).

2.8 Gesprochenes und geschriebenes Deutsch

Gesprochenes und geschriebenes Deutsch werden insbesondere im Bereich (sprachlicher) Bildung miteinander in Zusammenhang gebracht. Sich der Schriftlichkeit zu besinnen, kann eine Strategie sein, wenn es darum geht, sich auf standardsprachliches bzw. standardnahes Deutsch zu beziehen und dialektales oder dialektnahes Deutsch zu vermeiden. Schmidt und Herrgen (2011, S. 46f.) schildern den Fall einer Studentin in Deutschland, die diese Strategie anwendet. Sie führt sich das Schriftbild vor Augen, wenn es ihr darum geht, dass *„ch“* nicht als *„sch“* auszusprechen also z.B. *ich, nicht, sprechen* anstatt *isch, nischt, spreschen* zu sagen (ebd., S. 47). Forderungen wie *Nach der Schrift sprechen* oder *schön sprechen* verweisen ebenso auf ein Spannungsverhältnis zwischen dialektalen und standardsprachlichen Ausdrucksweisen, zwischen Mündlichkeit und Schriftlichkeit und zwischen Alltags- und Bildungskontexten. Dieses Spannungsverhältnis ist im Zusammenhang mit Deutsch als Zweitsprache noch etwas komplexer, weil der Zugang zu Umgebungen, in denen die verschiedenen Varianten gesprochen werden, eingeschränkt sein kann und auch komplexe lerner_innensprachliche Phänomene ins Spiel kommen. Wichtig ist, dass dialektnahe Formen des mündlichen Sprachgebrauchs, die von den schriftlichen Normen abweichen, keine Fehler darstellen, sondern ihre eigene Regularität haben. Diese Formen des mündlichen Sprachgebrauchs werden im Kontext Schriftsprache häufig als Fehler angesehen; es muss dabei berücksichtigt werden, dass Fehler nicht von vornherein existieren, sondern im Zusammenhang mit Regelsetzungen und Sanktionen entstehen.

(Zweit-)Sprachaneignung hat immer mit Kontextualisierung zu tun und geschieht sowohl ungesteuert, z.B. in privaten Kontexten, als auch gesteuert, z.B. im Regelunterricht oder stärker im Förderunterricht.

Sich Deutsch (als Zweitsprache) anzueignen, bedeutet auch, die verschiedenen Erscheinungsformen des Deutschen zu erwerben, die sich aus den unterschiedlichen sozialen Kontexten ergeben (= Variation). Die Erscheinungsformen des Deutschen einzelnen Varietäten des Deutschen (v.a. Dialekt, Umgangssprache, Standard) zuordnen zu können, ist erst ein nächster Schritt – und zwar sowohl für Personen, die mit Deutsch aufwachsen, als auch für Personen, die sich nicht von Geburt an Deutsch aneignen. Soziale Kontexte sind dafür entscheidend, ob, inwiefern und inwieweit dialektale bzw. dialektnahe, standardsprachliche bzw. standardnahe und / oder umgangssprachliche Formen erworben werden. Dies betrifft gesprochenes und geschriebenes Deutsch. Schüler_innen müssen lernen, welche sprachlichen Formen welcher Varietät zuzuordnen und in welchem Kontext angemessen sind (vgl. Neumann, 2000).

Sprecher_innen, die sich in der späten Kindheit, im Jugend- oder Erwachsenenalter Deutsch aneignen, erfahren je nach Gelegenheit ein bestimmtes Ausmaß an dialektaler, dialektnaher, standardsprachlicher, standardnaher und/oder umgangssprachlicher Variation, was zugleich als Input angesehen werden kann. Dasselbe gilt zwar auch für Sprecher_innen, die mit Deutsch aufwachsen, jedoch haben sie gegenüber Menschen, die dabei sind, Deutsch zu lernen, meistens den Vorteil, dass sie aufgrund von (sprachlicher) Erziehung und reichhaltigeren (sprachlichen) Erfahrungen im deutschen Sprachraum, zwar nicht immer, aber gewöhnlich darum wissen, welches Deutsch in welchem Kontext mündlich und schriftlich erwartet wird. Es ist anzunehmen, dass Menschen, die sich Deutsch als Fremd- oder Zweitsprache aneignen, von der Vielförmigkeit des Deutschen im mündlichen und schriftlichen Bereich schon seit Jahrzehnten (vgl. Barbour & Stevenson, 1998, z.B. S. 145–147, 185, 190), wenn nicht sogar seit Jahrhunderten (vgl. König et al., 2019, z.B. S. 77, 135), überrascht sind.

Sprecher_innen, die ihre Sprachkompetenz um dialektale, dialektnahe, standardsprachliche, standardnahe und / oder umgangssprachliche Formen erweitern wollen oder müssen, sind sowohl im mündlichen als auch im schriftlichen Bereich gefordert. Folgende Beobachtungen[11] zeigen, wie manche DaZ-Lernende mit dem gesprochenen und dem geschriebenen Deutsch umgehen.

Ein 19-Jähriger aus Afghanistan, der an einem Kurs für Deutsch als Zweitsprache teilnimmt und der gleichzeitig seinen Pflichtschulabschluss in Wien macht, meint, dass er in der Schule und im Kurs „Hochdeutsch“ und vorzugsweise mit Freund_innen auch mal Dialekt spreche und schreibe. Er gibt an, dass er in beiden Fällen nicht immer die standardsprachliche Form wie z.B. *gehen wir*, sondern auch stattdessen die dialektnahe Entsprechung wie z.B. *geh_ma* sowohl spreche als auch schreibe. Er ist nicht der einzige DaZ-Lernende, der es in Bildungs- und Alltagskontexten mit dem Unterschied zwischen geschriebenem Deutsch und gesprochenem Deutsch zu tun bekommt. Ähnliche Angaben gibt es von Personen, die sich Deutsch aneignen, immer wieder. Manche dieser Angaben zeugen davon, dass standardnahe und dialektnahe Schreib- und Sprechweisen auseinandergehalten werden, manche Angaben zeigen das Gegenteil. Standardnahe und dialektnahe Schreib- und Sprechweisen zu kennen, heißt jedoch nicht, sie immer situationsangemessen einsetzen zu können. Ob oder vielmehr inwiefern das Bewusstmachen einer Schreibweise, im Zusammenhang mit dem bildungssprachlichen Fortschritt von DaZ-Lernenden zu sehen ist, ist (derzeit noch) unklar.

Festzustellen ist jedoch, dass Deutschkursteilnehmer_innen, Student_innen und Schüler_innen, die dabei sind, sich Deutsch anzueignen, in ihren Texten wie auch im mündlichen Bereich in und außerhalb von Bildungskontexten neben standardnahen auch dialektnahe Schreibweisen bzw. dialektnahe Ausdrücke verwenden.

Es stellt sich die Frage, wie mit den Wechselbeziehungen zwischen geschriebenem und gesprochenem Deutsch bzw. Sprech- und Schreibwei-

11 Eigene Beobachtung von Kevin Rudolf Perner.

sen in Form von Standarddeutsch, Schriftdeutsch, Standardvarietäten, Umgangssprachen und Dialekten des Deutschen sowie Bildungssprache und Alltagssprache im Kontext schulischer (Aus-)Bildung im deutschen Sprachraum umgegangen werden kann (s. Vorschläge in Kapitel 6).

3. Phänomene der Variation und ihre Systematisierung

Im vorigen Kapitel wurden Ursachen und Formen der Variation im deutschen Sprachraum beschrieben. Im folgenden Kapitel stellen wir die wichtigsten Phänomene systematisch dar, wobei wir uns an den Ebenen des sprachlichen Systems orientieren: Zuerst wird die Variation im Bereich der Laute beschrieben (im Rahmen der Phonetik und der Phonologie), dann im Bereich der Wörter und bedeutungstragenden Wortbestandteile (Morphologie), anschließend im Bereich der Wörter und ihrer Bedeutung (Lexik und Semantik) und schließlich Variation im Bereich des Satzbaus (Syntax). Abschließend werden aktuelle Möglichkeiten vorgestellt, sich anschaulich und fachlich fundiert weiter zu informieren. Viele dieser Quellen können auch gut im Unterricht eingesetzt werden.[12]

Ein Grundproblem, das uns in diesem Band begleitet, ist die konkrete Eingrenzung von Standardsprache bzw. von Dialekt (was gehört wo noch dazu, was nicht mehr?) sowie die damit zusammenhängende Beschreibung des Kontinuums dazwischen. Ist das Konzept der Standardsprache ein abstraktes, abgehobenes und gibt es nur eine Standardsprache für den gesamten deutschen Sprachraum, oder ist das Konzept am Sprachgebrauch orientiert und gibt es daher Variation innerhalb des „Gebrauchsstandards" (Knöbl, 2014)? Zudem ist das Konzept der Standardsprache üblicherweise dominant an der geschriebenen Sprache orientiert. Das führt dazu, dass Phänomene, die in der spontan gesprochenen Alltagssprache regelhaft auftreten, per se als Nonstandard kategorisiert und abgelehnt werden. Dies macht sich in Normvorstellungen für die Aussprache ebenso bemerkbar wie in denen, die sich auf Morphologie, Lexik und Syntax beziehen (Hagemann, Klein & Staffeldt, 2013). Außerdem orientieren sich wissenschaftliche Beschreibungen von Dialektmerkmalen und umgangssprachlichen Phänomenen an der Standardsprache, was ebenfalls dazu beiträgt, dass diese Sprachform zur Norm erhoben wird. Auch im vorliegenden Text konnte diese Schieflage auf der Ebene der folgenden Beispiele nicht aufgelöst werden.

Darstellung von Variation in Beispielen

Im folgenden Kapitel werden Beispiele der Variation jeweils kursiv gesetzt, wir verzichten auf die jeweiligen Erklärungen und Zuordnungen zu einzelnen Dialekten oder Regiolekten, da wir hier lediglich die Bandbreite an Phänomenen aufzeigen möchten. Wir nehmen auch keine Abstufung nach „Standardnähe" vor, weisen aber darauf hin, dass manche der beschriebenen Phänomene noch als Teil der Standardsprache aufgefasst werden (können), andere nicht.

Beispiele, die auch in Kapitel 4 oder in Kapitel 6 vorkommen, werden grau hinterlegt wiedergegeben. Der Einfachheit halber versuchen wir, die Aussprache mit einer an der gewöhnlichen Orthografie orientierten

12 Wir danken Beatrix Schönherr für zahlreiche wertvolle Kommentare zu diesem Kapitel.

Verschriftung wiederzugeben, allerdings verzichten wir auf Großschreibung. In bestimmten Fällen verwenden wir Doppelvokale um die (übliche) Vokallänge auszudrücken. Wie auch in anderen Publikationen, die für eine breitere Zielgruppe gedacht sind, verwenden wir die Lautschrift nur dann, wenn es unbedingt nötig erscheint (vgl. z.B. Kleiner, 2003, S. 137). Wir verzichten außerdem weitgehend auf die in der Linguistik üblichen unterschiedlichen Klammern, um zwischen Phon, Phonem, Morphem und Graphem zu unterscheiden.

Überdies strebt die Aufstellung in den Unterkapiteln keine Vollständigkeit an, es werden lediglich einige wenige besonders häufige Prozesse der Variation angeführt.

3.1 Phonetik und Phonologie

Zwar ist die Aussprache des Deutschen schon seit langem standardisiert (s. Kapitel 2), trotzdem zeigen sich gerade in diesem Bereich im gesamten deutschen Sprachraum besonders viele regionale Unterschiede. Hier wird deutlich, dass sich die Standardisierung der Sprache im mündlichen Bereich schwerer durchsetzen lässt als im schriftlichen, wo z.B. die Orthografie sehr erfolgreich standardisiert wurde. Die Variation hat ihre Basis im Dialekt und kann von dieser Basis her auch sprachhistorisch erklärt und regional zugeordnet werden, sie tritt also nicht beliebig, sondern systematisch auf. Differenzen in der Aussprache von Wörtern können dabei einzelne Laute oder auch ganze Silben betreffen, ebenso die Frage, welche Silbe im Wort betont wird. Eine zweite Basis der Variation ist die artikulatorische „Vereinfachung“, das „Verschleifen“ oder auch das „Weglassen“ von Lauten.

Fokus, Richtung und Grundhaltung unserer Beschreibung

Wir beschreiben die Differenzen zwischen Standardsprache und Alltagssprache bzw. verschiedenen Regiolekten und Dialekten. Da wir dabei nicht immer von einer überregionalen Bekanntheit ausgehen können und da unser Fokus auf der Gesamtheit der varietären Phänomene liegt, wählen wir für die Darstellung die Standardsprache als Ausgangspunkt und stellen Variation als „anders“, als von der Standardsprache „abweichend“ dar. In ähnlicher Weise wird gesprochene Sprache immer wieder als von geschriebener Sprache „abweichend“ dargestellt (vgl. Fiehler, Barden & Elstermann, 2004, S. 24–26). Wir möchten ausdrücklich darauf hinweisen, dass das weder mit einer Abwertung von gesprochener Sprache oder z.B. von Dialekten verbunden ist noch eine Verkennung der historischen Entwicklung bedeutet. Um dies zu verdeutlichen, setzen wir die jeweilige (z.T. in der Linguistik gängige Terminologie) in Anführungszeichen.

3.1.1 Allgemeine Prozesse

Elision: Das „Wegfallen" von einzelnen unbetonten Lauten oder Silben. Dies kann an unterschiedlichen Stellen im Wort vorkommen und betrifft bevorzugt – aber nicht nur – unbetonte Silben:

- im **Wortanlaut** (= **„Aphärese"**) *heraus* > *raus, hinein* > *nein, einmal* > *mal, ein* > *n*
- im **Wortinlaut** (= **„Synkope"**) *gefragt* > *gfragt, zuerst* > *zerst, legen* > *legn, meinem* > *meim* oder auch *mein* [vgl. das Bsp. „bei mein Opa"][13]
- im **Wortauslaut** (= **„Apokope"**) *ist* > *is, nicht* > *nich, ich* > *i, mich* > *mi, dich* > *di, auch* > *au, schon* > *scho, nun* > *nu*. Besonders häufig ist im gesamten deutschen Sprachraum das Wegfallen des „e-Schwa" in der 1. Person Singular Präsens, also z.B. *ich komme* > *ich komm*. Es tritt sowohl im Dialekt als auch in der Standardsprache auf und ist teilweise dem schnellen Sprechen geschuldet. Man nennt solche Formen auch „Allegro-Formen" (vgl. Knöbl, 2012, S. 135, kritisch dazu z.B. Lanwer, 2015, S. 83). Besonders auffällig ist überdies das Weglassen der Flexionsendung *-en* nach Nasalen, z.B. *meinen* > *mein* (ev. noch zweisilbig gesprochen, also *meinn*), egal, ob damit das Verb oder das Possessivpronomen gemeint ist. Ebenso *kommen* > *komm* oder *klingen* > *kling*. Dies tritt auch in relativ standardnaher Sprache auf.

Elisionen können auch kombiniert werden, dadurch wird dann beispielsweise aus *zusammen* > *zåm* (s.u.)

Assimilation: Ein Laut wird (in bestimmten Merkmalen) an einen anderen angepasst. Es gibt zwei verschiedene Arten der Assimilation: Ein Laut kann an den folgenden Laut angepasst werden – so wird z.B. aus *senf* > *semf*. Ein Laut kann aber auch an den vorangehenden angepasst werden.

Klitisierung: Bei der Klitisierung „lehnt" sich ein Wort an ein anderes Wort „an" und wird mit ihm verbunden. Das „angelehnte" Wort (= Klitikon) ist dabei nie betont, es wird häufig auch „verkürzt" oder lautlich „verändert".

- Man spricht von **„Enklise"**, wenn ein Wort sich an das vorangehende Wort „anlehnt":
  wenn es > *wenn_s, kommst du* > *kommste, war er* > *woa_ra, passen wir* > *pass_ma* (zum Wechsel von *wir* > *ma* s. Abschnitt 3.1.2)
- Bei der **„Proklise"** hingegen „lehnt" sich das Klitikon an das nachfolgende Wort „an":
  das Fenster > *s_fenster*

13 Dieses Beispiel ist unterschiedlich interpretierbar – u.a. auch als Resultat des Zusammenfalls von Dativ und Akkusativ (auch im Plural). Auf den in der Schule stark stigmatisierenden Umgang mit Verstößen gegen standardsprachliche Kasusverwendungen, aber auch die dialektbedingt divergierende Verwendung von Präpositionen, Konjunktionen oder Komparation des Adjektivs verweisen u.a. Niebaum und Macha (2014, S. 236) sowie Neumann (2000, S. 192). Zum Vorkommen solcher Phänomene vgl. z.B. die Publikationen aus dem Projekt KOMMA von Rita Franceschini – z.B. Glück und Leonardi (2019).

3.1.2 Kombination von Prozessen

Lautschriftsymbole und die Beschreibung von Lauten

[ə]	e-Schwa: ein ungespanntes, im zentralen Mundraum gesprochenes „*e*", immer unbetont
[ɛ]	ungespanntes „*e*" – wie in „*denn*"
[m̩]	ein „*m*", das „silbisch" ist, d.h. alleine eine Silbe bildet
[ɔ]	ein ungespanntes „*o*" – wie in „kommen"
[ɔ̃]	ein ungespanntes, nasaliertes „*o*" wie in frz. „*non*"
Frikativ	Reibelaut (z.B. „*f*", „*sch*", „*ch*")
Plosiv	Verschlusslaut (z.B. „*p*", „*t*", „*g*")
Nasal	Nasenlaut (z.B. „*m*", „*n*")
Diphthong	Zwielaut (z.B. „*ei*", „*au*")

stimmhaft / stimmlos: Laute können stimmhaft oder stimmlos sein. Vokale und Nasale sind immer stimmhaft, Frikative und Plosive können beides sein. Ob man zum Beispiel das „*s*" stimmhaft ausspricht oder nicht, kann man ganz einfach feststellen, indem man sich dabei an den Kehlkopf greift: Wenn er vibriert, dann ist das „*s*" stimmhaft und wird in der Lautschrift so notiert: [z]. Ansonsten ist das „*s*" stimmlos und wird in der Lautschrift so notiert: [s].

Wortakzent: Die Silbe, auf der ein Wort betont wird (z.B. „Sílbe", „genaú")

Als erstes Beispiel für eine Kombination von Prozessen soll die „Veränderung" des Wortes „**Leben**" im Dialekt-Standard-Kontinuum dienen. Die Realisierung kann von einem standardsprachlichen *leebən* hin zu einem dialektalen *lɛm* variieren und kann schrittweise wie folgt dargestellt werden:

leebən > *leebn̩*	Zunächst entfällt das „*e*" in der unbetonten zweiten Silbe (Elision).
leebn̩ > *leebm̩*	Es kommt zur Assimilation des „*n*" an das „*b*", der Nasal wird durch den bilabialen Plosiv (= Verschlusslaut, der durch den Verschluss der beiden Lippen gebildet wird) „*b*" ebenfalls bilabial, d.h. zu einem „*m*", das Wort hat aber immer noch zwei Silben (das wird durch den kleinen Strich unter dem „*m*" gekennzeichnet).
leebm̩ > *leem̩*	Der Plosiv „*b*" entfällt (Elision), das Wort hat aber immer noch zwei Silben.
leem̩ > *lem* oder *lɛm*	Das Wort wird zu einem Einsilbler, ev. sogar mit einem kurz ausgesprochenen, ungespannten Vokal, also mit „*ɛ*".

Weitere häufige Beispiele: *gee_ma:* Das Verb *gehen* endet auf einen Nasal („*n*"), darauf folgt das Pronomen *wir*. In manchen Dialekten wird *wir* nicht mit dem Frikativ „*w*" am Anfang, sondern mit einem Nasal ausgesprochen (*mia*) oder (*ma*) (vgl. Knöbl, 2012, S. 130–132; Lanwer, 2015[14]). Das Pronomen wird an das Verb „angelehnt" (Klitisierung). Das Verb selbst verändert sich von *geən* > *geen* (Elision des e-Schwa) *zu geem*, da sich der Nasal *„n"* an den Nasal *„m"* des Pronomens angleicht (Assimilation).

brauchst du > *brouchsch*: Hier wird bei der Verbendung für die 2. Person Singular *„st"* das *„s"* als *„sch"* ausgesprochen, (*s*-Palatalisierung; s. Abschnitt 3.1.4), das *„t"* entfällt ganz (Elision), beides kommt z.B. im Schwäbischen sehr häufig vor (vgl. Knöbl, 2012, S. 141). Zudem kommt es hier zu einer Hebung des Diphthongs (s. Abschnitt 3.1.3) und das Pronomen *du* wird klitisiert bzw. entfällt in diesem Beispiel völlig (Elision) (s. auch Abschnitt 3.2.5).

kriegst du > *kriegste* > *krisse, hast du* > *haste* > *hasse*: in beiden Fällen (vgl. Langhanke, 2013) kommt es neben der Klitisierung des Pronomens *du* zur Abschwächung des *„u"* zu einem e-Schwa. Darüber hinaus kann auch das *„g"* bzw. das *„t"* wegfallen (Elision) und der Vokal verkürzt werden (s. Abschnitt 3.1.3).

nicht > *net*: Senkung des Vokals und Elision des Frikativs *„ch"*

3.1.3 Vokale

Im Bereich der Vokale gibt es ebenfalls viel Variation. Sie ist oft nicht der Aussprachеerleichterung geschuldet (wie die Phänomene der Elision oder Assimilation), sondern hat häufig dialektalen Ursprung.

Wechsel von Monophthong > Diphthong: Ein „einfacher" Vokal kann durch einen Diphthong, einen „Zwielaut" (z.B. *„au"*, *„ei"* oder *„oi"*), ersetzt werden. Dabei treten auch Diphthonge auf, die es in der deutschen Standardsprache nicht gibt, z.B. *„ua"* oder *„ou"*.
tun > *tuan*, aber je nach Dialektregion auch *tian, tean* oder *toan*
gut > *guat, knie* > *knia, brot* > *brout, muss* > *muass*

Wechsel von Diphthong > Monophthong: Ein Diphthong (Zwielaut) kann durch einen Monophthong (einfachen Laut) ersetzt werden:
mein neues Haus > *miin nüwes huus, kein* > *kaan, klein* > *kleen, auf* > *uf*
Fallweise wird dieser Laut auch nasaliert, z.B.: *genau* > *genɔ̃*

Wechsel von ungerundeten > gerundeten Vokalen: Der Vokal wird statt mit gespreizten Lippen (z.B. wie bei einem *„i"*) mit gerundeten Lippen (z.B. wie bei einem *„ü"*) ausgesprochen: *nicht* > *nüscht, erste* > *örschde*

Wechsel von gerundeten > ungerundeten Vokalen: Der Vokal wird statt mit gerundeten Lippen (z.B. wie bei einem *„ö"*) mit gespreizten Lippen (z.B. wie bei einem *„e"*) ausgesprochen: *knödl* > *knedl, glück* > *glick*

Hebung oder Senkung von Vokalen bzw. Diphthongen: Die Zunge liegt stärker oder weniger stark „gehoben" (d.h. gewölbt) im Mund, gleichzei-

14 Das sind aber nicht die einzigen Varianten, die es von *wir* regional gibt. Lanwer (2015, S. 98–102) weist darauf hin, dass es im norddeutschen Raum die Varianten *wiir, wir, wi* und *wa* gibt, die annähernd gleich verteilt sind.

tig wird der Öffnungsgrad des Mundes verringert oder verstärkt. Teilweise wird die Hebung/Senkung auch verbunden mit einer Rundung bzw. mit einer Entrundung:

tun > *tan*
kommt > *kummt* oder als entrundeter Vorderzungenvokal *kimmt*
von > *vun*
brauchst > *brouchsch*
das > *des* oder auch *dɛs* oder sogar *dəs* (von Knöbl, 2010, S. 132f. als „schwache Form des Artikels" bezeichnet) aber auch *dås*
mal > *mol* oder *mål* (letzteres wird auch als „*a*-Verdumpfung" bezeichnet (vgl. Scheuringer, 2002, S. 78f.)
dann > *dånn* („*a*-Verdumpfung")
heute > *heit, euch* > *eich*

Länge/Kürze von Vokalen: Nicht immer werden Vokale in allen Regionen gleich lang ausgesprochen (man spricht hier von einer unterschiedlichen „Vokalquantität"). So gibt es in der Standardsprache sowohl die Aussprache *füsik* (für Physik) mit kurzem „*i*" als auch *füsiik* mit langem „*i*".

3.1.4 Konsonanten

Lenisierung von Plosiven: Die Verschlusslaute „*p*", „*t*" und „*k*" werden z.B. im Mittelbairischen „weich" ausgesprochen, der Name *Peter* wird also eher wie *Beeda* ausgesprochen, *amputiert* als *ambudierd* (Bsp. aus Blaschitz et al., 2020).

Affrizierung: Beim Verschlusslaut „*k*" ist in manchen Regionen am Ende sehr deutlich ein Reibelaut (Frikativ) „*ch*" zu hören, der velar oder uvular, d.h. weit hinten im Rachen gebildet wird. *Speck* > *speckch.*[15]

Stimmhaftigkeit von Konsonanten: Im Süden des deutschen Sprachraums gibt es bis in den Gebrauchsstandard (s.u.) hinein kein stimmhaftes „*s*".

s-Palatalisierung: In Teilen des Südens und Südwestens des deutschsprachigen Raumes (z.B. im Alemannischen und z.T. im Südbairischen) wird das „*s*" vor einem Plosiv wie ein „*sch*" ausgesprochen. *erst* > *erscht, Fest* > *fescht, Post* > *poscht, Maske* > *maschke, Knospe* > *knoschpe.*

***l*-Vokalisierung**: In manchen Regionen wird „*l*" je nach den Lauten, die davor und danach kommen, zu einem Vokal verändert; d.h. z.B. *kalt* > *koid, also* > *oiso*. Es kann übrigens auch das „*r*" vokalisiert werden, in manchen Positionen ist dies aber Teil der Standardsprache, z.B. *wir* > *wia.*

„*pf*" > „*f*": Im mittel- und norddeutschen Sprachraum wird die Affrikate „*pf*" im Gebrauchsstandard zu einem einfachen Frikativ „*f*"; d.h. z.B. *Pferd* > *ferd, Pfeffer* > *feffa*. Kleiner (2011ff.) rechnet diesen Prozess „zu den bekanntesten Variationsphänomenen im deutschen Gebrauchsstandard".[16]

15 In der Lautschrift wird das als [kx] oder [kχ] notiert.
16 http://prowiki.ids-mannheim.de/bin/view/AADG/PfimAnlaut [Zugriff am 28.05.2020]

„w“ > „b“: Realisierung des Frikativs als Plosiv, z.B. *wie > bie, Löwe > löbe.*

Spirantisierung von „*g*“: Der Plosiv „*g*“ wird als Frikativ realisiert. Dieses Phänomen ist regional und im Kontinuum zwischen Standardsprache und Dialekt sehr weit verbreitet. Die *g*-Spirantisierung tritt im Anlaut auf – z.B. *gemacht > jemacht*, im Wortinlaut – z.B. *gefragt > gefracht*, und auch im Auslaut – z.B. *Tag > tach, sag > sach* (Schröder, 2013).

3.1.5 Kombinationen

Die genannten Prozesse können in unterschiedlichen Kombinationen auftreten. Ein paar Beispiele sollen das verdeutlichen:

- Monophthongierung + Elision: *ein > aa, einen > aan, keinem > kaam*
- Längung + Klitisierung + Elision: *so einen > soo_nen*
- Hebung + *r*-Vokalisierung: *gar > goa, klar > kloa, darf > deaf*
- Hebung + *l*-Vokalisierung: *bald > boid*
- *l*-Vokalisierung + Elision: *wollen > woin*
- Senkung + Elision: *sich > se*
- Senkung + Palatalisierung: *ich > esch*
- Hebung + Elision + Assimilation: *abgeschrieben > obgschriem*. Dieses Beispiel ist besonders interessant, da auch das „*b*“ elidiert werden könnte. Dann würde es *ɔːgschriim* ober auch *oogschriim* heißen – im Unterschied zum nasalierten *ɔ̃gschriim*, das ‚angeschrieben‘ bedeutet, ein wesentlicher Bedeutungsunterschied, der nur auf der Nasalierung beruht, einem Merkmal, das es in der deutschen Standardsprache eigentlich nur für Fremdwörter gibt.

3.1.6 Sprachkontaktvarietäten

Sprachkontaktvarietäten wie z.B. das sog. „Türkendeutsche“ weisen jeweils Unterschiede zur Standardaussprache auf, wenngleich sie möglicherweise von „ethnischen“ Herkünften abgekoppelte Stilisierungen sind. Sie können in Relation zur Standardlautung, aber auch zu Regiolekten und Dialekten beschrieben werden (vgl. z.B. Androutsopoulos, 2001; Auer, 2003; Keim & Cindark, 2003, S. 381–385; Dirim & Auer, 2004; Keim & Knöbl, 2007, S. 166–169). Sie betreffen Konsonanten ebenso wie Vokale, Vokallängen, Differenzen von Vokal- und Konsonantenqualitäten, Rhythmus, Akzent und Sprechgeschwindigkeit etc.

3.1.7 Das Konzept des „Gebrauchsstandards“ am Beispiel der Aussprache

Der „Atlas zur Aussprache des deutschen Gebrauchsstandards (AADG)“, der seit 2011 laufend erweitert wird, zeigt sehr anschaulich, dass es nicht nur im Dialekt-Standard-Kontinuum regionale Variation gibt, sondern auch im Bereich der Standardaussprache selbst (vgl. Kleiner, 2011ff. bzw. http://

prowiki.ids-mannheim.de/bin/view/AADG/WebHome).[17] Basis für den Online-Atlas ist das Datenkorpus „Deutsch Heute“, das auch die Grundlage für den neuen Ausspracheduden (Kleiner, Knöbl & Mangold, 2015) darstellt. Es handelt sich also nicht um die Festlegung eines idealtypischen Standards, an dem die Sprecher_innen dann gemessen werden, sondern die Beschreibung erfolgt „aus dem Gebrauch heraus“. Für die Erhebung haben Oberstufenschüler_innen an Gymnasien aus 192 verschiedenen Orten im gesamten deutschen Sprachraum (einschließlich Luxemburg, Ostbelgien und Südtirol) v.a. durch das Vorlesen einzelner Wörter (Wortlisten) die Belege für die Aussprache geliefert. Wir können also davon ausgehen, dass diese Aussprache zumindest am Ende der Schullaufbahn „erreicht“ wird.

Auf den Karten des Atlas findet man z.B. Antworten darauf, ob im Gebrauchsstandard *Pflaster* mit *„pf“* oder mit *„f“* im Anlaut ausgesprochen wird (in Mittel- und Norddeutschland zu 60% mit *„f“*), und ob das *„st“* im Wortinlaut von *Pflaster* als *„st“* oder doch als *„scht“* wie in weiten Teilen des alemannischen und Teilen des Südbairischen Dialektgebiets (im Südwesten des deutschen Sprachraums) ausgesprochen wird (*s*-Palatalisierung).

Im Bereich der Aussprache von Vokalen wird sowohl auf die unterschiedliche Realisierung von Vokalen Bezug genommen als auch auf deren unterschiedliche Länge.

Wird *später* mit einem geschlossenen *„ee“* ausgesprochen, wie im Norden und Südosten des deutschen Sprachraums, oder doch mit einem ungespannten, langen *„εε“* wie in der Mitte und im Südwesten? Kann man *sägen* und *Segen* unterscheiden, oder sind sie gleichlautend, also „homophon“ wie z.B. im Osten Österreichs?[18]

Im Hinblick auf die Vokallänge wird u.a. die Aussprache von sog. „Erbwörtern“ wie *Bad* und *Rad*, aber auch von Wörtern, die erst später in den deutschen Wortschatz kamen, wie z.B. *Spaß* regional verglichen, aber auch z.B. die Länge des *„i“* in *Fabrik* oder *Kritik*, die Länge des ungespannten *„ε:“* in *Städte* oder des *„uu“* in *wuchs* oder *Schublade*.[19]

Für die Aussprache der Konsonanten wurden besonders viele Beispiele übersichtlich dargestellt und ausführlich analysiert:[20] Die Aussprache von *„p“*, *„t“* und *„k“* im Wortanlaut beispielsweise, oder die Variation im Bereich der Frikative *„s“* und *„sch“* in Wörtern wie *Standard, Strategie, Respekt, Baustil* oder *Statue*, die Nasalierung in Lehnwörtern (*Balkon* oder *Engagement*), die Realisierung von *„r“* im An- oder Inlaut (*Räder, Sirup*).

Eine eigene Kategorie bilden die Ergebnisse zu „Phänomenen im Wortnebenton“ so z.B. die Realisierung des *„g“* in der Endsilbe *„ig“* – heißt es also *könik* oder *könich*? Und bleibt das Essen von *zwanzich süßichkeiten un-*

17 Besonders attraktiv ist das Online-Quiz “Hör mal, wo der spricht“ (http://multimedia.ids-mannheim.de/hoermal/web/), bei dem man versuchen kann, Hörproben geografisch zuzuordnen (Zugriff am 24.01.2021).
18 http://prowiki.ids-mannheim.de/bin/view/AADG/LangAE (Zugriff am 24.01.2021).
19 QuantitaetsVariation < AADG < TWiki (ids-mannheim.de) (Zugriff am 13.02.2021)
20 KonsonantIsmus < AADG < TWiki (ids-mannheim.de) (Zugriff am 14.02.2021)

entschuldicht, oder heißt es doch *zwanzik süßikeiten* und *unentschuldikt*? (vgl. die Karten zu den Wörtern *König, zwanzig, Süßigkeiten* oder *unentschuldigt*).[21]

Ebenso spannend lesen sich die Befunde zur Variation von **Wortakzent**:[22] Wo betont man *Kaffee* auf der ersten Silbe, also *Káffee*, wo auf der zweiten Silbe, also *Kafféе*? Wo sagt man *Mathemátik*, wo aber *Mathematík*, wo *Mótor* oder aber *Motór*, wo *Lábor*, wo *Labór*? Und auf welcher Silbe betont man die Aussprache von Zahlen wie 33, 45, 88 oder die Jahreszahl 1987? Interessant ist, dass die Grenzen auch für ähnliche Phänomene nicht immer gleich verlaufen.

Als Beispiel für die Darstellung im „Atlas zur Aussprache des deutschen Gebrauchsstandards" sei hier eine Karte eingefügt (s. Abbildung 2), die die Variation von „haben-wir" darstellt. Sie stammt aus den für das Projekt „Deutsch heute" geführten Interviews, also aus relativ „natürlichen Gesprächssituationen", nicht aus der formelleren Vorleseaussprache, die eigentlich dem Gebrauchsstandard entspricht.

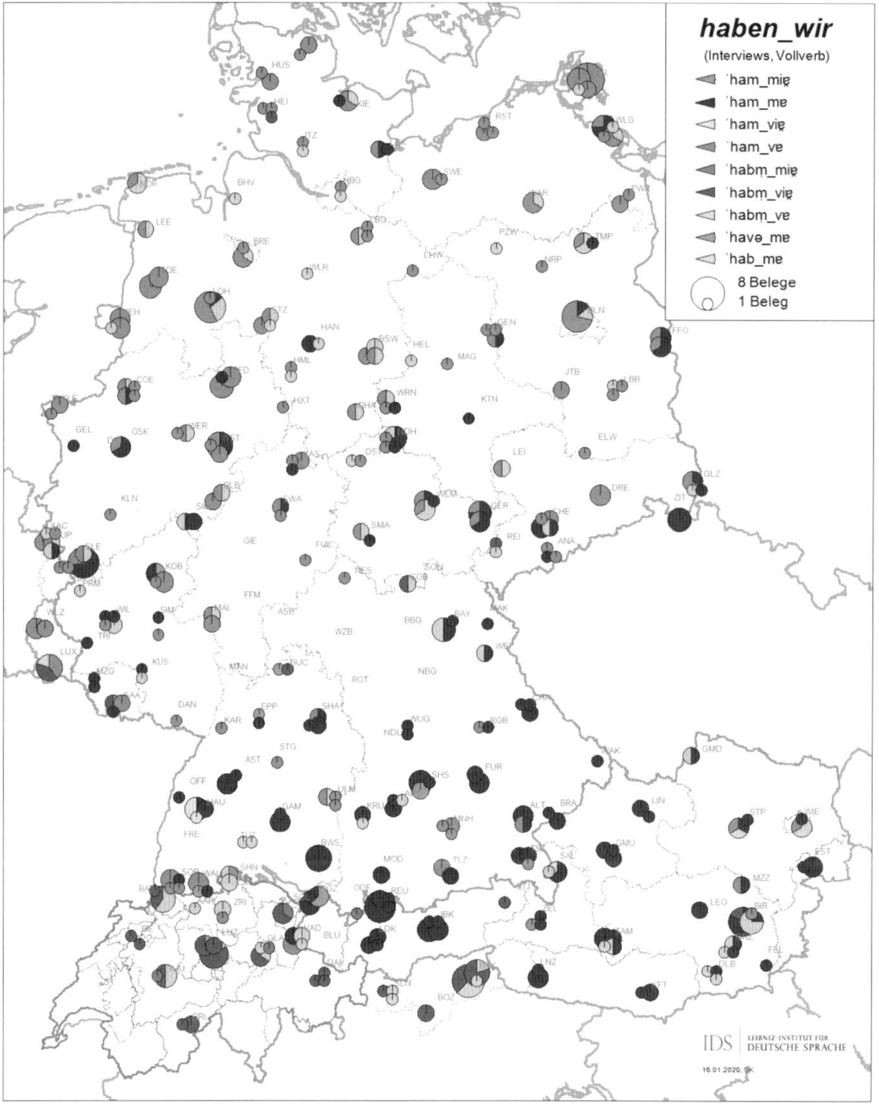

Abbildung 2: Variation von „haben_wir" (http://prowiki.ids-mannheim.de/bin/view/AADG/VerbPRO) (Zugriff am 14.02.2021)

21 NebenTon < AADG < TWiki (ids-mannheim.de) (Zugriff am 14.02.2021)
22 WeiterePhänomene < AADG < TWiki (ids-mannheim.de) (Zugriff am 14.02.2021)

3.2 Morphologie

Variation im Bereich der **Morphologie** ist ebenfalls gut bekannt und dokumentiert. Die weite Verbreitung von Variation bedeutet allerdings nicht, dass es einen Konsens darüber gibt, welche Formen in einer standardnahen Sprechweise akzeptiert sind. Im Folgenden werden einige Beispiele aufgezählt und kurz beschrieben.

Die Informationen, welche Formen wo gebräuchlich sind, finden sich teilweise im Variantenwörterbuch, teilweise in der Variantengrammatik, z.T. im Atlas der deutschen Alltagssprache (AdA), in den länderspezifischen Wörterbüchern (Schweizerisches Idiotikon: Bachmann, Schwyzer, Gröger, Staub & Tobler, ca. 2013; Österreichisches Wörterbuch: Back & Fussy, 2012; Ebner, 2009 etc.). Die Phänomene differieren häufig zwischen dem süddeutschen und dem mittel- und norddeutschen Raum, der Verlauf der Grenze zwischen den Phänomenen ist jedoch nicht generell mit Ländergrenzen (oder mit Grenzen zwischen Bundesländern oder Kantonen) übereinstimmend. Auf der einen Seite trägt der Sprachgebrauch in den Medien bzw. deren Verbreitung über die nationalen Grenzen hinweg zu einer zunehmenden Verringerung der Unterschiede bei, auf der anderen Seite wirken die Regelungen in den länderspezifischen Nachschlagewerken sowie die Sprachverwendung in den jeweiligen ökonomischen, kulturellen und sozialen Zentren demgegenüber stabilisierend und verstärkend. Mit wenigen Ausnahmen (z.B. die Modalpartikeln *eh* oder *halt* (vgl. Ammon, Bickel & Lenz, 2016, S. LXXVII) oder das Perfekt anstelle des Präteritums) breiten sich die Formen eher von Norden nach Süden aus.

3.2.1 Genus

Die Verwendung des Genus (d.h. des grammatischen Geschlechts) zeigt bei manchen Nomen eine regionalspezifische Variation. Dies betrifft autochthone Substantive wie *der/das Monat* oder *der/das Teller* ebenso wie Fremdwörter (*die/das E-Mail*) oder auch Produkt-/Eigennamen wie *die/das Nutella* oder *die/der Grappa*.[23]

Die Grenzen der Variation können entlang der nationalen Grenzen verlaufen, tun dies aber keineswegs immer. Im Variantenwörterbuch findet man z.B. den folgenden Eintrag für Joghurt:

> Joghurt der/das; -s, -s [ˌjoːkurt A D, ˌjoːgurt CH D]: in A, CH und selten auch in D Neutrum. In D und selten auch in A und CH Maskulinum [...]

Während das Variantenwörterbuch *Spachtel* als Nomen verzeichnet, das in Österreich feminin ist, ist es in der Schweiz und in Deutschland maskulin. *Coca-Cola* ist in Österreich, in der Schweiz und im Südosten Deutschlands vornehmlich neutrum, in der Schweiz und im Südosten Deutschlands aber

23 http://mediawiki.ids-mannheim.de/VarGra/index.php/Genus#Genusschwankungen:_Variation_des_Genus_bei_Substantiven_im_Deutschen (Zugriff am 14.02.2021)

zunehmend feminin, wie es das auch im übrigen Deutschland ist (vgl. Ammon, Bickel & Lenz, 2016).

3.2.2 Fugenelemente bei Komposita

Regionale Unterschiede zeigen sich auch bei der Verwendung von Fugenelementen, das sind Laute, die zwischen zwei Wörtern stehen, die gemeinsam ein Kompositum (ein „zusammengesetztes Wort") bilden. Im süddeutschen Sprachraum, v.a. in Österreich und der Schweiz, findet man auf der Speisekarte überwiegend den *Schweins**braten*** oder das *Rind**s**gulasch*, in Ober- und Niederbayern ist der *Schweinsbraten* noch relativ häufig, in den anderen Regionen des deutschen Sprachraums heißt es hingegen *Schwein**e**braten* bzw. *Rind**er**gulasch* (vgl. AdA). Allerdings zeigt sich an diesem Beispiel auch schön, dass unterschiedliche Nachschlagewerke die Grenzen der Variation unterschiedlich ziehen bzw. aufgrund von unterschiedlichen Belegen zu anderen Schlussfolgerungen kommen. Anders als der „Atlas der deutschen Alltagssprache", der auf Aussagen von Sprecher_innen beruht, was sie denn an ihrem Ort hören würden, sieht die Variantengrammatik die Situation in der Schweiz (*Rinds-*) und in Deutschland (*Rinder-*) sehr klar, in Österreich wird jedoch aufgrund der Zeitungsbelege wesentlich mehr Variation ausgewiesen.[24]

Ammon, Bickel und Lenz (2016, S. LXXVI) weisen generell für Österreich auf die Verwendung des Fugenelements *„s"* nach palatalen Konsonanten (*„g"*, *„k"* und *„ch"*) hin – z.B. *Zugabteil* > *Zugsabteil, Fabrikgelände* > *Fabriksgelände, Abbrucharbeiten* > *Abbruchsarbeiten*. In der Schweiz wiederum ist der Verzicht auf das Fugenelement bei einem verbalen Bestimmungswort charakteristisch (z.B. *Bademeister* > *Badmeister, Wartesaal* > *Wartsaal, Zeigefinger* > *Zeigfinger*) (Ammon et al., 2016, S. LXXV), wenn er auch nicht in jedem Fall und ausschließlich anzutreffen ist.

3.2.3 Gebrauch der Auxiliare *sein* und *haben* bei der Perfektbildung

Das Perfekt wird im süddeutschen Sprachraum generell und regelhaft für die Positionsverben *sitzen, stehen* und *liegen* mit dem Auxiliar (= Hilfsverb) *sein* gebildet, es heißt also (überwiegend) *ich bin gesessen, ich bin gestanden, ich bin gelegen*. Im mittel- und norddeutschen Sprachraum verwendet man in diesen Fällen jedoch *haben* – man sagt dort also *ich habe gesessen,*[25] *ich habe gestanden, ich habe gelegen*.[26]

24 http://mediawiki.ids-mannheim.de/VarGra/index.php/Rinder-_/_Rinds- (Zugriff am 14.02.2021)

25 Bei *sitzen* gibt es zusätzlich im süddeutschen Sprachraum einen semantischen Unterschied: *ich bin gesessen* in der neutralen Bedeutung des Positionsverbs, *ich habe gesessen* ist auf die Bedeutung „Gefängnisaufenthalt"/„eine Strafe absitzen" eingeschränkt.

26 Vgl. z.B. http://www.atlas-alltagssprache.de/wp-content/uploads/2012/05/habe-bin-gesessen.jpg bzw. http://www.atlas-alltagssprache.de/hilfsverb/?child=runde (Zugriff am 14.02.2021) Die Karten im AdA weisen die Verwendung für Österreich fast ausschließlich, für die Schweiz stark dominant und für Süddeutschland ebenfalls als stark verbreitet aus (bei *stehen* ist der Befund sogar noch klarer), das Variantenwörterbuch ist hier etwas vorsichtiger und differenziert das Perfekt als in „Österreich überwiegend, in der Schweiz und im Süden Deutschlands auch mit dem Hilfsverb *sein* gebildet, im nördlichen Deutschland

3.2.4 Tempusverwendung

Die Verwendung des Präteritums nimmt in der gesprochenen Sprache seit langer Zeit ab. Dieser Prozess wird auch „Präteritumsschwund" genannt und ist im süddeutschen Sprachraum schon weiter fortgeschritten als im Norden. Das führt dazu, dass im süddeutschen Sprachraum das Perfekt zunehmend auch in formellen Texten verwendet wird und dass die semantische Differenzierung zwischen Perfekt und Präteritum kaum noch empfunden bzw. gemacht wird (z.B. Putzer, 2009; Nübling, Dammel & Duke, 2010). Die folgenden Verben werden allerdings trotzdem (fast) durchgehend im Präteritum verwendet: Hilfsverben (*haben, sein*), Modalverben (*müssen, wollen* etc.) sowie andere besonders häufig vorkommende Verben wie *geben, kommen, stehen, wissen, heißen, laufen, meinen* und *sitzen* (Hennig, 2000, S. 195).[27] Für die Sprachverwendung in der Presse kann die Variantengrammatik allerdings nur relativ geringe Unterschiede im deutschen Sprachraum erkennen.[28] Daneben treten auch Tempusformen auf, die in der Standardsprache nicht existieren, z.B. das doppelte Perfekt (*gemacht gehabt*) oder das Doppelplusquamperfekt (*hatte gemacht gehabt*) (vgl. Niebaum & Macha, 2014, S. 236).

3.2.5 Verbflexion

Das Suffix „*-ts*" wird vom Bairischen (d.h. vom Dialekt im Großteil von Bayern und weiten Teilen Österreichs sowie Südtirols, s. Kapitel 2.4.3) in die Regionalsprache in weiten Teilen Bayerns und Österreichs übernommen, ist dort räumlich sehr weit verbreitet und wird außer in besonders dialekt- oder standardnahem Sprachgebrauch genutzt (vgl. z.B. Kleiner, 2003, S. 140ff.). Als Beispiel sei *wisst_s ihr* aus Kapitel 4.1, Beispiel 4) angeführt. Die 2. Person Plural wird mit „*ts*" flektiert, ebenso der Imperativ Plural (z.B. *derfts, habts, miassts*; daher z.B.: *hab**ts** ihr des gseng* (‚*habt ihr das gesehen*')? *komm**ts** amal her*! (‚*kommt einmal her!*')

Im Schwäbisch-Alemannischen Basisdialekt heißt es demgegenüber mit Dentalsuffixen „*-ət*" bzw. „*nt*" in der 2. Person Plural: *ihr dürft* > *derfət, habt* > *hant, müsst* > *miassət* (Kleiner, 2003, S. 138), im Schwäbischen Basisdialekt gibt es wiederum eine gleiche Pluralform für alle 3 Personen, nämlich „*-ət*": *mir sagət, ihr sagət, sie/die sagət*. Bei einzelnen Verben (*haben, lassen, gehen*, z.T. auch bei *wollen* und *müssen*) tritt die Endung „*-nt*" auf: *hant, lant, gant* usw.

---

dagegen mit dem Hilfsverb *haben*." (Ammon et al., 2016, S. LXXV). Elspaß und Möller (2013ff.) verweisen allerdings darauf, dass dieser Befund in den letzten 40 Jahren durchaus stabil ist. Auch die Variantengrammatik verweist auf „gemischte" Befunde, die in der Pressesprache für *sitzen* und *stehen* wesentlich deutlicher ausfallen als für *liegen* (vgl. http://mediawiki.ids-mannheim.de/VarGra/index.php/Kategorie:Bildung_des_Perfekts, Zugriff am 01.06.2020).

27 Vgl. auch umfangreichere Listen u.a. von Sieberg (1984, S. 90) und Welke (2005).

28 http://mediawiki.ids-mannheim.de/VarGra/index.php/Präteritum_vs._Perfekt (Zugriff am 14.02.2021)

3.2.6 Personal- und Reflexivpronomen

Wenn das Pronomen in der 2. Person Singular bzw. Plural direkt auf das Verb folgt, kann es entfallen (Elision des Subjektpronomens):
hast ***du*** *das gesehen? > hast des gseen?*
habt ***ihr*** *das gesehen? > habts ia des gseen? > habts es*[29] *des gseen? > habts des gseen?*
schauen wir ***uns*** *das an > schau_ma* ***se*** *des au* – (wörtlich: *schauen wir sich das an* in der Bedeutung von ‚schauen wir uns das an'): hier wird das Reflexivpronomen *sich* statt des Personalpronomens (*uns*) verwendet.

3.2.7 Präpositionen

Der Gebrauch von Präpositionen variiert ebenfalls regional (vgl. z.B. Glück & Leonardi, 2019). So kann man je nach Region z.B. *zur/in die/auf die Schule gehen* (de Cillia et al., 2019, S. 166), oder auch *zur/auf die Post gehen*[30] Dieses Phänomen betrifft stark die Orts- und Richtungspräpositionen, tritt aber nicht nur dort auf. So kauft man in Österreich und Südtirol etwas ***um*** *5 Euro,* in der Schweiz und in Deutschland hingegen fast ausschließlich ***für*** *5 Euro.*[31] In Österreich ist man mehrheitlich ***auf*** *Urlaub,* während in Deutschland eher ***im*** *Urlaub* sein üblich ist (auch im Westen Österreichs als zweite Variante gebräuchlich). Daneben kann man auch ***in*** *Urlaub* sein (v.a. im westlichen Mitteldeutschland und im Südosten Deutschlands).[32]

3.3 Lexik

Die Variation in der Lexik ist vielleicht neben der Aussprache die auffallendste Form der Differenz innerhalb der Standardsprache. Sprecher_innen rechnen damit, dass es Unterschiede im Wortschatz gibt, sie verstehen aber häufig nur ihre „eigenen" Wörter und halten auch nur diese für standardsprachlich. Auch hier geben das Variantenwörterbuch sowie die länderspezifischen Wörterbücher (s.o.) Auskunft über die regionale Verbreitung einzelner Wörter, nicht allerdings über ihre Frequenz, ihre Verständlichkeit und nicht immer über ihre Akzeptanz als „standardsprachlich". Zudem hilft auch der Atlas der deutschen Alltagssprache[33] als Informationsquelle. Allerdings gehören nicht alle der dort abgefragten Wörter der Standardsprache an, es ist ja explizit nach dem alltäglichen Sprachgebrauch gefragt, der in vielen Fällen der Regionalsprache bzw. der Umgangssprache zuzuordnen ist.

Wie bei den bisherigen Phänomenen auch sind die Unterschiede in der Lexik nicht an nationale Grenzen gebunden. Es gibt grenzüberschreitende Gemeinsamkeiten wie auch Unterschiede innerhalb eines Landes. So führt Scheuringer (1996, S. 152f.) z.B. das Wort *Krügel* an, das im Osten Öster-

29 *es* ist das alte bairische Pronomen für die 2. Person Plural.
30 Post « atlas-alltagssprache (atlas-alltagssprache.de) (Zugriff am 14.02.2021)
31 http://www.atlas-alltagssprache.de/runde-3/f11a/ (Zugriff am 14.02.2021)
32 http://mediawiki.ids-mannheim.de/VarGra/index.php/Auf_/_im_/_in_Urlaub_sein (Zugriff am 14.02.2021)
33 http://www..atlas-alltagssprache.de (Zugriff am 14.02.2021)

reichs für einen halben Liter Bier steht, in anderen Teilen Österreichs aber eher unüblich ist.

Die Unterschiede in der Lexik betreffen bei weitem nicht nur Speisen und Nahrungsmittel, die häufig im Mittelpunkt des Interesses oder der (medialen) Aufmerksamkeit stehen – z.B. *Karfiol* vs. *Blumenkohl; Erdäpfel, Grundbirnen* vs. *Kartoffeln; gespritzter Weißwein* vs. *Weißweinschorle; Knödeln* vs. *Klöße*. Systematisch differieren z.B. auch alltägliche Wörter wie *Sonnabend* (eher im Nord(ost)en des deutschen Sprachraums) und *Samstag* (eher in der Mitte und im Süden)[34], oder *in diesem Jahr / dieses Jahr* und *heuer* (*heuer* v.a. in Österreich, der Schweiz und dem Südosten Deutschlands (vgl. Ammon et al., 2016, S. 330). Im Bereich des institutionell geprägten Wortschatzes stimmen die Grenzen der Varianten aus naheliegenden Gründen häufiger mit den nationalen Grenzen überein, z.B. *Abitur / Matura / Matur* oder *Zahlschein / Erlagschein / Einzahlungsschein*.

3.4 Syntax

Variation in der Syntax ist besonders komplex in der Beurteilung, vor allem in der gesprochenen Sprache, wo die Grenze der Standardsprache am schwierigsten zu ziehen ist, da unsere Vorstellung von Standardsprache stark durch die Schriftsprache geprägt ist („written language bias“ Linell, 2005). Trotzdem müssen Lehrkräfte die mündlichen Leistungen von Schüler_innen auch im Hinblick auf ihre Standardsprachlichkeit beurteilen und sehen sich hier also ständig vor die Aufgabe gestellt, diese Grenze zu ziehen (vgl. Schneider, Butterworth & Hahn, 2018, S. 9–17). Auch im Bereich der Syntax wird in der Linguistik zunehmend von einem „Gebrauchsstandard“ ausgegangen, statt den Standard der gesprochenen Sprache an dem der geschriebenen zu messen (Hagemann et al., 2013). Als Informationsquelle kann beispielsweise das Kapitel zur gesprochenen Sprache in der Duden-Grammatik gelten (Wöllstein, 2016, S. 1181–1260).

34 http://www.atlas-alltagssprache.de/samstag/ (Zugriff am 14.02.2021)

Schlüsselbegriff: Verbstellung

Im Deutschen steht in Aussagesätzen der finite Teil des Prädikats („das Finitum“, d.h. der Teil des Prädikats, der im jeweiligen Satz die Flexionsendung trägt) immer an der zweiten Stelle („Verbzweitstellung“). An der ersten Stelle kann das Subjekt stehen, aber auch jedes beliebige andere Satzglied. Gemeinsam mit anderen Teilen des Prädikats (Verbpartikel oder infinite Verben) bildet das Finitum die sog. „Satzklammer“ (s. Beispiel 1–3). Konjunktionen („Bindewörter“) wie z.B. *denn* sind keine Satzglieder, sie werden dabei also nicht mitgezählt (s. Beispiel 4).

(1) *Katharina* ***wachte*** *in der Früh* ***auf.***
(2) *Sie* ***wollte*** *beim Frühstück unbedingt die Zeitung* ***lesen,***
(3) *danach* ***muss*** *sie wohl wieder* ***eingeschlafen sein.***
(4) *Sie* ***schlief*** *lange, denn sie* ***war*** *eigentlich noch sehr müde.*
In Nebensätzen steht das Finitum jedoch an der letzten Stelle im Satz („Verbletztstellung“ oder „Verbendstellung“) (s. Beispiel 5).
(5) ***Als*** *sie die Augen wieder* ***aufschlug, war*** *die Zeitung* ***hinuntergefallen.***

Der gesamte Nebensatz erfüllt gleichzeitig die Funktion eines Satzglieds im „übergeordneten Satz“, also in dem Satz, in den er eingebettet ist. In Beispiel (5) kann der Nebensatz *Als sie die Augen wieder aufschlug* z.B. mit *dann / eine Stunde später* oder Ähnlichem ersetzt werden. Das Finitum im Hauptsatz (*war*) steht also korrekt an der zweiten Stelle des Hauptsatzes.

Folgende Phänomene werden im Bereich der Syntax gesprochener Sprache immer wieder genannt und sind als „mediale Variation“ größtenteils im gesamten deutschen Sprachraum anzutreffen:

3.4.1 Links- und Rechtsversetzung / Ausklammerungen

In der gesprochenen Sprache kommt es häufig vor, dass einzelne Satzglieder vor dem Beginn des „eigentlichen Satzes“ stehen. Wenn man sich den Satz geschrieben vorstellt, ist das Satzglied also „nach links“ versetzt.
z.B.: ***Die Katharina,*** *die ist in der Früh aufgewacht.*

Ebenso können manche Satzglieder auch erst nach dem Schließen der Satzklammer angefügt oder näher ausgeführt werden, d.h. nachdem alle Teile des Prädikats, die nicht an der zweiten Stelle im Aussagesatz stehen, aufgetreten sind. Solche Satzglieder sind dann „nach rechts“ versetzt bzw. „ausgeklammert“.
z.B.: *Sie wollte (dann) unbedingt die Zeitung lesen* ***beim Frühstück.***

Mit diesen Formen können bestimmte Informationen in einem Satz besonders betont oder auch nachträglich hinzugefügt werden. Das macht das Formulieren, aber auch das Verstehen vor allem bei langen Sätzen etwas einfacher. Die Ausklammerung ist weder regiolektal noch dialektal gebunden bzw. bedingt, sondern ein im gesamten deutschen Sprachraum verbreitetes Merkmal der Informationsstrukturierung in der gesprochenen Sprache.

3.4.2 Einleitung von Relativsätzen

In Relativsätzen treten teilweise „zweite Einleitungspartikeln“ auf, je nach Dialekt kann es z.B. *was* oder auch *wo* sein (Scheutz, 2016): d.h. *der Mann, der was/wo … / die Frau, die was/wo*

dånn håb i a polizei in mir, ***die wås*** *schaut, dass i mit kam månn zaumkumm* […]
‚dann habe ich eine Polizei in mir, **die (was)** schaut, dass ich mit keinem Mann zusammenkomme‘

Die Verwendung von zweiten Einleitungspartikeln gilt eher als regionalsprachlich bzw. dialektal.
Daneben kann aber auch eine alternative Partikel verwendet werden:
braucht (.) polizei, ***wås*** *gegen ois åndare wirkt*
‚braucht (.) Polizei, **die** gegen alles andere wirkt‘

3.4.3 *weil*-Sätze mit Verbzweitstellung

Wenn Nebensätze mit einer Konjunktion eingeleitet werden (z.B. *als, nachdem, weil, obwohl, damit*), steht das Finitum normalerweise nicht wie in einem Aussagesatz bzw. Hauptsatz an der zweiten Stelle im Satz („Verbzweitstellung“), sondern ganz am Ende („Verbletztstellung“/„Verbendstellung“).

In der gesprochenen Sprache werden schon seit langem *weil*-Sätze beobachtet und linguistisch beschrieben, die wie Hauptsätze das finite Verb an der zweiten Stelle im Satz haben (vgl. z.B. Scheutz, 1998).

und die burschen woin net nem_an mädchen sitzen, ***weil*** *de (.)* ***san*** *so laut*
‚Und die Burschen wollen nicht neben einem Mädchen sitzen, **weil** die (.) **sind** so laut (…).‘[35]

Weil-Sätze mit Verbzweitstellung treten offenbar im gesamten deutschen Sprachraum auf. Ihre systematische Beschreibung zeigt, dass sie eine andere Vorkommensregularität und eine etwas andere kommunikative Funktion aufweisen als *weil*-Sätze mit Verbendstellung.

3.4.4 Pronominaladverbien

Pronominaladverbien wie z.B. *damit, davon* oder *dafür* können unterschiedlich realisiert werden (vgl. Jürgens, 2013, S. 131).

Es kann zu einer Spaltung kommen und die Teile können eine Adverbklammer bilden: *Damit hat auch keiner gerechnet.* > ***Da*** *hat auch keiner* ***mit*** *gerechnet.*

Das Adverb kann getilgt werden: *Davon gehe ich mal aus* > *Geh ich mal* ***von*** *aus.*

---

35 Da die Konjunktion *weil* kein Satzglied ist, wird so gezählt, dass das Subjekt *die* die erste Stelle einnimmt, und das Finitum *sind* folglich die zweite Stelle.

Die Präposition kann verdoppelt werden: *Dabei kannst du helfen* > ***Dabei** kannst du **bei** helfen*
Das Adverb kann verdoppelt werden: *Darin sind sicherlich Nuancen* > ***Da** sind sicherlich Nuancen **drin**; Dann warten wir doch darauf* > *Dann warten wir doch **dadrauf**.*

Es ist interessant, dass sich bei bestimmten Phänomenen in der gesprochenen Standardsprache (z.T. an der Grenze zur Umgangssprache) regionale Unterschiede in der Akzeptanz feststellen lassen. Das kann nicht nur bei der Verbzweitstellung bei *weil*-Sätzen, sondern auch noch bei anderen Varianten beobachtet werden. Schneider et al. (2018, S. 250) haben das mit folgender Grafik festgehalten (s. Abbildung 3). Sie zeigt, dass die Adverbklammer ***Da** haben wir doch eben schon einiges **zu** gesagt* nur im Norden des deutschen Sprachraums weitgehend akzeptiert wird, im Süden jedoch nicht. Insgesamt ist jedoch der Süden der Variation gegenüber wesentlich aufgeschlossener. Die Ausklammerung des Adverbials (*einundzwanzig Jah-*

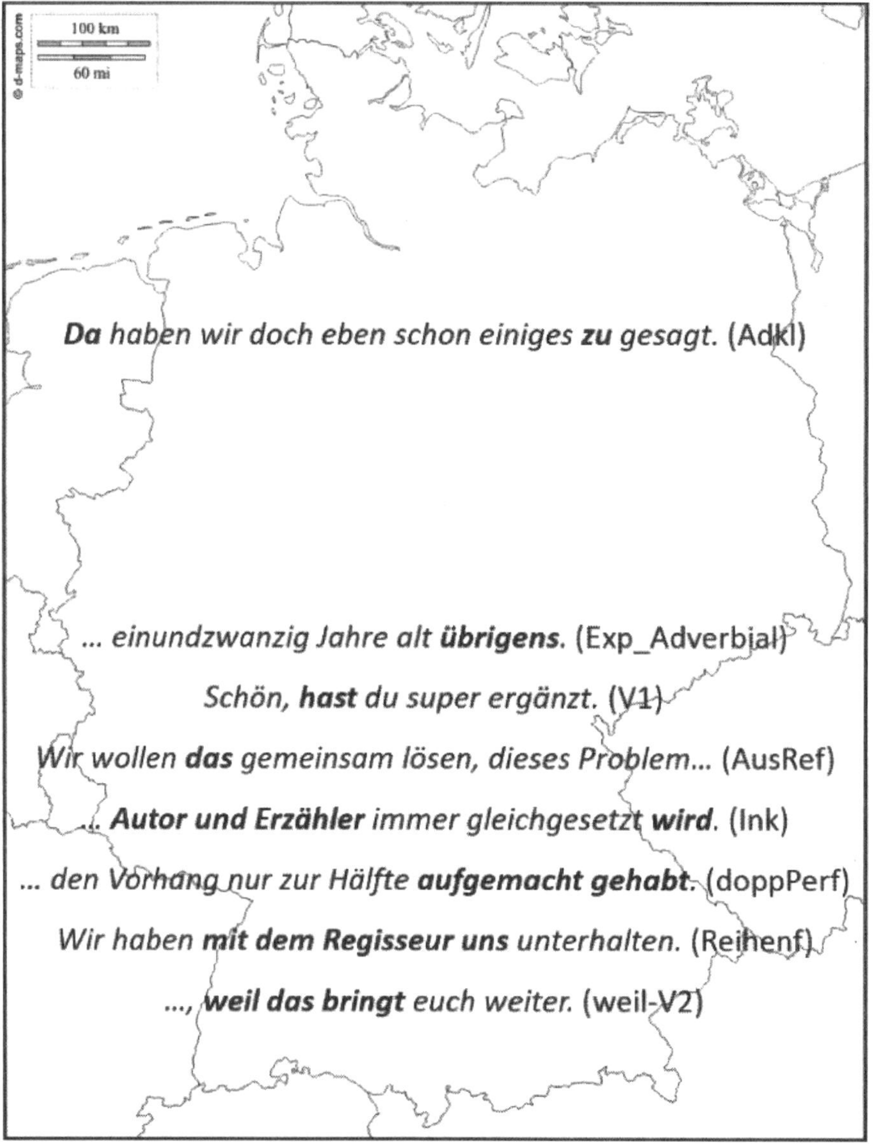

Abbildung 3: Phänomene mit signifikanten Akzeptanzunterschieden nach Herkunft der Befragten (Schneider et al., 2018, S. 250)

re alt übrigens), die Verberststellung (***Hast** du super ergänzt*), das doppelte Perfekt (*den Vorhang nur zur Hälfte **aufgemacht gehabt***) oder die Verbzweitstellung bei *weil*-Sätzen (*... weil das **bringt** euch weiter*) werden im Süden des deutschen Sprachraums signifikant häufiger akzeptiert. Zumindest für die Spaltung des Adverbs („Adverbklammer") und für das doppelte Perfekt gilt, dass das Phänomen in der jeweiligen Region, in der seine Akzeptanz höher liegt, eine längere Tradition und ggf. eine dialektale oder regionalsprachliche Basis hat (Schneider et al., 2018, S. 250).

3.5 Quellen zur Vertiefung und zum Einsatz im Unterricht

Die großen Dialektgebiete des deutschen Sprachraums wurden bereits genannt (s. Kapitel 2). Aber auch innerhalb dieser Gebiete variiert der Dialekt oft beträchtlich. In den letzten Jahren sind viele sehr anschauliche Online-Dialektatlanten entstanden, die sich an ein breites Publikum wenden und Datenmaterial für sie aufbereiten. Das Material lässt sich oft sehr gut im Unterricht einsetzen.

Hier seien nur einige wenige der Online-Atlanten genannt. Die meisten von ihnen bieten Karten, auf denen einzelne Orte angeklickt werden können, um die dort jeweils typische Realisierung eines bestimmten Wortes oder Satzes anzuhören. Fallweise ist auch ein Generationenvergleich möglich, ansonsten sind es eher ältere Sprecher_innen, die man befragt hat, um den ältesten noch dokumentierbaren Stand des Dialekts zu erheben.

1) Sprechender Sprachatlas von **Bayern**
   https://www.bayerische-landesbibliothek-online.de/sprachatlas
2) Sprechender Sprachatlas von **Bayerisch-Schwaben** (mit angrenzendem Oberbayern)
   https://www.bayerische-landesbibliothek-online.de/sprachatlas-schwaben
3) Sprechender Sprachatlas von **Niederbayern** und angrenzendem **Böhmerwald**
   https://www.bayerische-landesbibliothek-online.de/sprachatlas-niederbayern
4) Sprachatlas **Baden-Württemberg**
   https://escience-center.uni-tuebingen.de/escience/sprachatlas/#8/48.674/8.989
5) Dialekte im **Alpenraum** (Ostschweiz, Vorarlberg, Süd-, Ost- und Nordtirol, Salzburg bzw. das angrenzende Baden-Württemberg und Bayern)
   https://www.sprachatlas.at/alpenraum/index.html
6) Kleiner Sprachatlas der **deutschen Schweiz** (mit interaktiven Karten und Downloadmaterial für den Schulunterricht)
   https://www.kleinersprachatlas.ch/

7) Ein Beispiel für einen kleinräumigen Atlas (einschließlich eines Dialektquiz) ist der Dialektatlas von **Oberösterreich** „OöTon“ https://stifterhaus.at/index.php?id=181&tab=dialekte (einige Hintergrundinformationen unter https://stifterhaus.at/index.php?id=105) bzw. das Quiz unter https://stifterhaus.at/index.php?id=181&tab=quiz&category=2#

Quizformen und Dialekt-Apps, die den eigenen Dialekt lokalisieren, sind ebenfalls interessante Möglichkeiten, Schüler_innen für die Variation in den deutschen Dialekten zu interessieren.

8) Für die Schweiz gibt es die „Dialekt-Äpp“ http://www.dialaektaepp.ch/#
9) Für den gesamten deutschen Sprachraum gibt es folgendes Quiz, das auf Daten aus dem „Atlas der deutschen Alltagssprache“ (s.u.) basiert: https://www.tagesanzeiger.ch/extern/interactive/2015/sprachatlas_v8/#/questions

Im Bereich zwischen Standardsprache und Dialekt haben sich großräumige Gebiete ähnlicher Variation ausgebildet, in denen eine ähnliche „Umgangssprache“, „Regionalsprache“ oder „Alltagssprache“ (vgl. Kapitel 2) verwendet wird. Alltagssprachliche Variation ist auch in Regionen vorhanden, in denen kein bzw. kaum mehr Dialekt gesprochen wird.

Eine Orientierung, die den gesamten deutschen Sprachraum umfasst, bietet der Atlas der deutschen Alltagssprache („AdA“), für den in bislang 12 „Runden“ über das Internet Belege gesammelt werden (crowd sourcing), „welchen Ausdruck man in Ihrer Stadt normalerweise hören würde – egal, ob es mehr Mundart oder Hochdeutsch ist.“
(http://www.atlas-alltagssprache.de/)

Einen Einblick in die Variation in der geschriebenen Sprache der (über-) regionalen Presse bietet demgegenüber die „Variantengrammatik“ (Dürscheid, Elspaß & Zielger, 2018). Für die Erstellung der Variantengrammatik „wurden Artikel aus 68 Tageszeitungen mit insgesamt knapp 600 Millionen Wörtern berücksichtigt. Diese Online-Zeitungen entstammen dem gesamten deutschsprachigen Gebiet, das für Projektzwecke in 15 Areale unterteilt wurde.“
(http://mediawiki.ids-mannheim.de/VarGra/index.php/Start)

Während der AdA in gewissen Abständen immer wieder erweitert wird, ist die Variantengrammatik „abgeschlossen“.

Nach den Grundlagen der Darstellung von Variation des Deutschen wird im Folgenden auf das Vorkommen der Variation im Unterricht eingegangen.

4. Variationsgebrauch im Unterricht – ein Einblick

In diesem Kapitel werden beispielhaft Sequenzen aus Unterrichtssituationen vorgestellt und analysiert, die nicht nur verdeutlichen, dass verschiedene Sprechweisen im Unterricht vorkommen, sondern dass sich Sprecher_innen auch während des Unterrichts innerhalb des Dialekt-Standard-Kontinuums bewegen, wodurch Sprechweisen verschiedene Funktionen einnehmen. Die Beispiele stammen aus verschiedenen Sprachregionen, um die Verbreitung, Nutzung und Aushandlung des in diesem Band thematisierten Dialekt-Standard-Kontinuums der deutschen Sprache im schulischen Bereich aufzuzeigen. Im Fokus unserer Überlegungen steht vorrangig der Umgang von Lehrkräften mit Varietäten und sprachlicher Variation in Bezug auf die Aneignung von Deutsch als Zweitsprache von Schüler_innen. Obwohl nicht in allen Sequenzen Schüler_innen mit Deutsch als Zweitsprache am Unterrichtsgeschehen beteiligt sind, erscheinen uns die ausgewählten Situationen geeignet, um eine Reflexion für das Lehrer_innenhandeln zu ermöglichen. Dieses Kapitel dient vordergründig der Darstellung und Analyse von Unterrichtsbeispielen. Es werden aber bereits erste Überlegungen in Hinsicht einer didaktischen Umsetzung bzw. didaktische Vorschläge angestellt. Diese Ideen knüpfen an das Konzept der „Durchgängigen Sprachbildung“ an, konkrete Verweise auf geeignete Stellen in Kapitel 6 dienen der Orientierung im Band.

4.1 Sprachliche Variation als Teil des Unterrichts

Befragungen von Lehrkräften verweisen darauf, dass viele von ihnen ihren Sprachgebrauch in Unterrichtssituationen als überwiegend standardsprachlich einschätzen (vgl. bspw. de Cillia & Ransmayr, 2019; Steinegger, 1997; Buchner & Elspaß, 2018).[36] Empirische Daten des tatsächlichen Sprachgebrauchs im Klassenzimmer stellen jedoch nach wie vor eine große Lücke in der Unterrichtsforschung dar (vgl. aber z.B. Knöbl, 2012; Blaschitz et al., 2020), insbesondere im Kontext von Deutsch als Zweitsprache, sodass die Übereinstimmung dieser Wahrnehmung mit dem tatsächlichen Sprachgebrauch nicht beschrieben wird. Auch die sprachliche Variation im Unterricht (durch Code Shifting oder Code Switching), wurde bisher einerseits relativ selten empirisch untersucht und zeigt andererseits ein sehr ambivalentes Bild: (Empirische) Studien zeigen, dass das Dialekt-Standard-Kontinuum im Unterricht zum Tragen kommt, auch wenn bildungspolitische Anweisungen[37] existieren, die eine andere Richtung vorgeben (Schmidlin, 2018, S. 27f. für die Deutschschweiz; Knöbl, 2010, S. 125 und Hochholzer, 2004, S. 327 für Deutschland; de Cillia & Ransmayr, 2019, S. 22, 55, 207 für Österreich). Eine flächendeckende Überprüfung, wie tatsächlich im Unterricht gesprochen wird, erscheint schwierig. Fragebogenerhebungen zei-

36 Siehe hierzu auch die Diskussion über die Verwendung einer impliziten Schulsprache (Feilke, 2012) und Bildungssprache (Gogolin & Lange, 2011).

37 Eine knappe Analyse der Bildungspläne in Deutschland haben Janle & Klausmann (2020, S. 87–98) vorgelegt.

gen jedoch, dass Variation, die sich von der Standardsprache entfernt, sei es regiolektal, alltagssprachlich etc., in schulischen Kontexten vorkommt (Hochholzer, 2004, S. 327; de Cillia & Ransmayr, 2019; Vergeiner, Buchner, Fuchs & Elspaß, 2019; Fuchs & Elspaß, 2019).

Obwohl also Standarddeutsch als Unterrichtssprache in Handlungsanweisungen und Lehrplänen zumindest implizit vorgegeben ist, zeigen die in diesem Kapitel dargestellten Unterrichtssequenzen eindeutig, dass Sprachalternationen innerhalb des Dialekt-Standard-Kontinuums im Klassenzimmer real sind und auch die Sprache der Lehrkräfte dadurch gekennzeichnet ist (Knöbl, 2010, S. 125; Blaschitz et al., 2020).

Transkriptionskonventionen[38]

(.)	Mikropause
(-)	kurze geschätzte Pause von ca. 0.2–0.5 Sek. Dauer
(--)	mittlere geschätzte Pause von ca. 0.5–0.8 Sek. Dauer
(---)	längere geschätzte Pause von ca. 0.8–1.0 Sek. Dauer
ah äh öh	Verzögerungssignale, sog. „gefüllte Pausen“
akZENT	Fokusakzent (akzentuierte Silbe)
lErnen	Nebenakzent
((lacht))	Beschreibung des Lachens
((unverständlich))	Hinweis auf eine unverständliche Sequenz
((Lehrerin schreibt))	außersprachliche Handlungen
?	Ende der Intonationsphrase hoch steigend
,	Ende der Intonationsphrase mittel steigend
–	Ende der Intonationsphrase gleichbleibend
;	Ende der Intonationsphrase fallend
.	Ende der Intonationsphrase tief fallend
|	Segmentgrenze einer Intonationsphrase (ersetzt Zeilenumbruch)
(...)	Auslassung im Transkript
//	Unterbrechung durch eine andere Person
å	*a*-Verdumpfung
pass_ma	Enklise
aaaha	Dehnung gekennzeichnet als Doppel- bzw. Dreifachbuchstaben

38 Die Transkription richtet sich in vereinfachter Form nach den GAT 2 Transkriptionskonventionen nach Selting u.a. (2009). Auf abweichende Darstellungen wird bei den jeweiligen Beispielen hingewiesen. IPA Konventionen (IPA = Internationales Phonetisches Alphabet) wurden verwendet, wenn es als notwendig erachtet wurde.

Die Daten aus den ersten zwei Beispielen stammen aus einer Einzelfallstudie, die in einer Kleinstadt Süd-West-Deutschlands durchgeführt wurde und somit der schwäbisch-alemannischen Sprecher_innengemeinschaft zuzuordnen sind (vgl. Knöbl, 2010). Auch wenn sich in der Unterrichtssituation keine Schüler_innen, die sich Deutsch als Zweitsprache aneignen, befinden, wird in diesem Beispiel der Variationsgebrauch sowohl bei Schüler_innen als auch der Lehrkraft deutlich.

Die Lehrkraft und die beobachteten Schüler_innen erarbeiten die Zeitrelation zwischen zwei Verben der AcI-Konstruktion des Lateinischen. Jonas hat (vor der hier dargestellten Sequenz in Beispiel 1) bereits dreimal versucht, die richtige Antwort zu geben, ist jedoch immer wieder an der Aufgabe gescheitert. Zu Beginn von Beispiel (1) fragt die Lehrkraft noch einmal nach der Zeitrelation, ohne dabei jedoch gezielt eine_n Schüler_in zu adressieren. Nach zwei weiteren Versuchen der Lehrkraft, den Schüler Jonas zur Antwort hinzuführen, antwortet Rico. In Beispiel (2) wird über ein bestimmtes Wort (*catasta – Schaugerüst*) gesprochen, welches die Lehrkraft zunächst im Nominativ übersetzt. Ricos Aufgabe ist es nun, die richtige Kasusendung für das Wort zu finden.

Beispiel (1)

01	Lehrkraft:	WAS findet zuerst statt?
02		DAS? (-)
03		WAS findet zuerst statt? DAS oder DAS?
04	Rico:	ha ERSCHT des ge ((laut)) ERSCH des lErnen;
05	Lehrkraft:	aaaha,
06		ERST des lernen.
07		das ist das was VOR (.) zeitich ist.
08		das LERnen findet vorher statt
09	Jonas:	ja,
10	Lehrkraft:	und MEIN wissen (-) kommt danach. (-)
11		ja? (-)

(leicht veränderte und unseren Transkriptionskonventionen angepasste Version, entnommen aus Knöbl, 2010, S. 132)

Beispiel (2)

01	Lehrkraft:	UND den schaugerüsten der (-) sklafenhändler. (-)
02		catasta ist DAS schaugerüst.
03	Rico:	et ca (-) tas (-) tos (-)
04	Lehrkraft:	vorsicht,
05		des kann ja nich SEIN wenn_s mit wem isch;
06	Rico:	((laut)) catas (-) TA (--)
07	Lehrkraft:	((sehr leise)) WAS brouchsch denn für a form;

(leicht veränderte und unseren Transkriptionskonventionen angepasste Version entnommen aus Knöbl, 2010, S. 138)

Linguistische Phänomene

In Beispiel (1) in Z(eile) 01–03 verwendet die Lehrerin zunächst ausschließlich kodifizierte Formen, nämlich ein demonstratives *das* sowie *zuerst* mit „*st*" (Knöbl, 2010, S. 132f.). Daraufhin antwortet jedoch Rico in Z 04 mit einer dialektal realisierten Form des Artikels (*des*) und der regional üblichen *s*-Palatalisierung (s. Abschnitt 3.1.4) (*ERSCHT* bzw. *ERSCH*). Nachdem die Lehrkraft die Antwort des Schülers mit einem langgezogenen *aha* positiv bestärkt, wird die Antwort wiederholt (Z 05–08). Hierbei wird nun auch von ihr die dialektal realisierte Form *des* verwendet, die Variante *ERSCHT* wird jedoch nicht übernommen, denn die Lehrkraft bildet die Standardform *ERST* (Knöbl, 2010, S. 133).

In Beispiel (2) wechselt die Lehrkraft am Ende ebenfalls in die dialektnahe Form, um den Schüler noch einmal die Schritte zu verdeutlichen, die für die Kasusmarkierung in Latein notwendig sind: Zunächst muss bekannt sein, welcher Kasus verlangt wird, danach muss die richtige Form gewählt werden (ebd., S. 139). Es werden dafür die dialektnahen Realisierungen *brouchsch* für *brauchst du*, *a* für *einen* bzw. *isch* für *ist* verwendet (Z 05 und 07).

Interpretation

Die Sequenzen zeigen sehr klar, dass das Hin- und Hergleiten im Dialekt-Standard-Kontinuum (sog. Code Shifting) im Unterricht eine Rolle spielt und die Lehrkraft zwischen dialektnahen bzw. -fernen sowie standardnahen bzw. -fernen Formen variiert. Gezeigt wird dies beispielsweise durch die dialektnähere Verwendung von *isch* oder *brouchsch* innerhalb einer eher standardnahen Sprechsequenz. Dass Bewegungen im Dialekt-Standard-Kontinuum im Unterricht vorkommen, wird auch von aktuellen Studien bestätigt, die davon ausgehen, dass Lehrkräfte tatsächlich zwischen standardnäheren und dialektnäheren Formen wechseln (bspw. Ransmayr, 2019, S. 309; Blaschitz et al., 2020). Auch die Ergebnisse der Fragebogenerhebung von Hochholzer zeigen, „dass der Dialekt nach Aussage der Befragten eine feste Größe der sprachlichen Unterrichtsrealität auf Seiten der Deutschlehrer ist" (Hochholzer, 2004, S. 327).

In den gezeigten Beispielen findet der Wechsel ohne Hemmnis des Kommunikationsflusses statt. Die stringente und betonte Verwendung von *ERST* (und nicht die Aufnahme von *ERSCHT*) der Lehrkraft kann entweder darauf hinweisen, dass sie implizit diese Verwendung als die zu vermittelnde ansieht (weil standardnäher), andererseits könnte es aber auch eine Betonung des Inhalts sein (*ERST* kommt das Lernen). Dass die Lehrkraft durchaus auch selber dialektnähere Formen verwendet, ist im zweiten Beispiel erkennbar. Knöbl (2010, S. 139) verweist in diesem Fall auf die Möglichkeit, dass die Lehrkraft einen Rückgriff auf die bereits stattgefundene Auseinandersetzung aus der ersten Sequenz versucht und mit dem Shift vielmehr helfen will, als den Schüler bzw. die Situation und ihre inhaltlichen Aspekte zu bewerten. Ob diese Hilfestellung auch bei Schüler_innen funktioniert, die sich erst im Aneignungsprozess des Deutschen befinden, kann nicht beantwortet werden. Sinnvoll wäre es jedoch, den jeweiligen Sprachaneignungsstand (auch im Bereich von Variation) zu kennen, um einzuschätzen, inwiefern derartige Strategien hilfreich sind.

Die nachfolgenden Beispiele[39] (3 und 4) wurden in einer Klasse der 9. Klassenstufe in einem Gymnasium in Oberösterreich erhoben, das im mittelbairischen Dialektgebiet liegt. Die Audioaufnahmen fanden während des Biologieunterrichts statt. Anwesend waren elf Schüler_innen, wobei davon zwei Schüler_innen einen außerordentlichen Status[40] hatten.

Wie bereits in den zuvor dargestellten Sequenzen zu sehen war, so ist auch das nachfolgende Beispiel geprägt von dem Wechsel dialektnaher- und -ferner bzw. standardnaher- und -ferner Sprechweisen.

Beispiel (3)

01	S_S[41]:	((durcheinander))
02	Simone:	((laut)) wås DA_ma heit, | frau proFESsor?
		Was tun wir heute, | Frau Professor?[42]
03	Lehrkraft:	KA herz sezieren, | weil des passt NET, (-)
04		| wir mâchn HEIT ah blutgruppntests und, (-)
05		| zum thema HERZ zu blutdruckmessen.
		Kein Herz sezieren, | weil das passt nicht, (-) | wir machen heute aah Blutgruppentests und, (-) | zum Thema Herz, zu Blutdruckmessen.
06	S_S:	((durcheinander))
07	Simone:	mâch_ma mit UNserem eigenen bluat?
		Machen wir mit unserem eigenen Blut?
08	Lehrkraft:	NA bei eich net, | i deaf EICHa blut leider
09		net nehma, (---) | (...).
		Nein bei euch nicht, | ich darf euer Blut leider nicht nehmen, (---) | (...).
10	Daniela:	((unverständlich))
11	Lehrkraft:	bitte (ruft eine Schülerin auf).
12	Sandra:	darf ich_s mir SELber abnehmen und ihnen dann geben?
		Darf ich es mir selber abnehmen und Ihnen dann geben?
13	Lehrkraft:	((lacht)) na. (---)
		((lacht)) Nein. (---)
		(...) ((Lehrerin schaltet Beamer ein))
		((informelle Gespräche, ca. 1 Minute))
14	Lehrkraft:	LIEbe leute,

39 Die Daten stammen aus Erhebungen von Hanna Grabenberger, die im Jahr 2017 im Rahmen ihrer Diplomarbeit durchgeführt wurden (Grabenberger, 2018).

40 Schüler_innen in Österreich können einen sog. „außerordentlichen Status" (a.o.) erhalten, wenn ihnen bei der Schuleinschreibung von Schulleiter_innen attestiert wird, dass ihre Deutschkenntnisse nicht ausreichen würden, um dem Unterricht folgen zu können. Zum Zeitpunkt der Datenerhebung bedeutete dies, dass für sie andere Benotungsregeln und Fördermöglichkeiten gelten als üblich (vgl.§ 4. des SchUG, BGBl. Nr. 472/1986).

41 S_S = mehrere Schüler_innen

42 Die Anrede als „Herr_Frau Professor" gilt in Österreich als übliche Anrede für Lehrkräfte.

MIA (.) müssen (.) ein bisschen (.)
weitertun ((laut)), (-) | WEEIL die stunden
laufen dahin, (--) | und des semESter is
boid aus, | und des SCHULjahr is bald aus.

wir (.) müssen (.) ein bisschen (.) weiter tun ((laut)), (-) | weil die Stunden laufen dahin, (--) | und das Semester ist bald aus | und das Schuljahr ist bald aus.

(2017 erhoben von Hanna Grabenberger)

Der Ausschnitt zeigt sehr deutlich ein Gleiten im Dialekt-Standard-Kontinuum in der gesprochenen Sprache der Lehrkraft. Die Sequenz stammt vom Beginn der Stunde, wobei in die Tagesthemen eingeführt und zunächst gescherzt wird, bevor die Lehrkraft zum eigentlichen Unterricht überleitet.

Linguistische Phänomene

Die Lehrerin verwendet in der Sequenz vor allem eine dialektnahe Sprechweise. Erkennbar ist dies an der *r*-Vokalisierung *deaf* (Z 08), an der Verdumpfung des „*a*" in *måchn* (Z 04) oder an der Modifikation von *nicht* zu *net* (Z 08). In Z 14 ist dann eine deutliche Veränderung in der sprachlichen Verwendung zu bemerken, denn die Lehrkraft beginnt hier standardnäher zu sprechen.

Interpretation

Die transkribierte Sequenz veranschaulicht die differenzierte Nutzung des Dialekt-Standard-Kontinuums in einer alltäglichen Unterrichtssituation. Ein Gleiten zwischen den zwei Polen Standard und Basisdialekt ist durchgängig zu beobachten. Ein besonders auffälliger Wechsel befindet sich in den Zeilen 13/14. Dies könnte ein Hinweis darauf sein, dass die Lehrkraft in einen anderen Modus – die tatsächliche Lehr-Lern-Situation – übergehen möchte. Nach dem eher informellen und lockeren Gespräch scheint sie mit der direkten Anrede *liebe Leute* (dialektnahe wäre in etwa *liabe leit*) und der standardnäheren Sprechweise einen neuen Abschnitt einleiten zu wollen. Ob und welche bewussten Intentionen dahinterstecken, bleibt offen. Im Hinblick auf Schüler_innen, die sich erst in der Schule Deutsch als Zweitsprache aneignen, kann die Situation herausfordernd sein. Angenommen werden kann, dass diese aus der informellen Sprechsituation zunächst ausgeschlossen werden, da ihnen das Verstehen der dialektnahen Sprachverwendung möglicherweise schwerfällt (s. Kapitel 6.2.4). Erst zum Zeitpunkt, zu dem tatsächlich Inhaltsvermittlung stattfindet, wechselt die Lehrerin in eine eher standardnähere Sprechweise. Es gibt Hinweise darauf, dass es Schüler_innen, die in der Schule Deutsch als Zweitsprache erwerben, häufig schwerfällt, informelle und formelle Situationen und den damit einhergehenden erwarteten Varietäten zu unterscheiden. Der unangekündigte Wechsel von einleitendem (informelleren) Klassengespräch hin zur (formelleren) Vermittlung wird von der Lehrkraft nur durch den Varietätenwechsel, nicht aber explizit markiert und wird von Schüler_innen deshalb vielleicht sprachlich wie auch inhaltlich nicht sofort wahrgenommen (Dannerer, 2017, S. 21).

Das Beispiel verdeutlicht, dass bei dieser Lehrerin die dialektnahe Sprechweise durchaus die gängigere Varietät im Unterricht darstellt, was durch das nächste Beispiel, bei dem die Lehrerin etwas erklärt, erneut veranschaulicht wird.

Beispiel (4)

```
01   Lehrkraft:  oiso wenn i jetzt immer då a fettes A, (-)
02               | auf meim KLEIDungsstück obm_steh håb, |
03               wisst_s IHR, | i BIN blutgruppe a. (---)
                 Also, wenn ich jetzt immer da ein fettes a,
                 (-)| auf meinem Kleidungsstück oben stehen
                 habe, | wisst ihr, | ich bin Blutgruppe A.
                 (---)
04               A is mein antigen.
                 A ist mein Antigen.
05               und DÅNN håw_i eich scho versuacht zu erklä-
06               ren, | es gibt de poliZEI, | die SCHAUT, |
07               dass nix fremdes in unserm KÖRper (-) | drin-
08               nen is, (---) | und die KÄMPFT gegen fremde
09               stoffe.
                 Und dann habe ich euch schon versucht zu er-
                 klären, | es gibt die Polizei, | die schaut,
                 | dass nichts Fremdes in unserem Körper (-)
                 | drinnen ist, (---) | und die kämpft gegen
                 fremde Stoffe.
10               und wenn I jetzt söwa a bin, (--) | oiso i
11               hob a KLEID au, (--) | dånn HÅB i a polizei
12               in mir, | die wås SCHAUT, | dass I mit kam
13               månn zaumkumm, | der a HOSN trågt.
                 Und wenn ich jetzt selber A bin, (--) | also
                 ich habe ein Kleid an, (--) | dann habe ich
                 eine Polizei in mir, | die was schaut, | dass
                 ich mit keinem Mann zusammenkomme, | der eine
                 Hose trägt.
14               sondern der mann muss AUCH ein kleid tragen
                 Sondern der Mann muss auch ein Kleid tragen.
15   S_S:        ((lachen))
16   Lehrkraft:  is jetzt a lustiges BEIspiel, ((lacht)) |
17               Åba vielleicht versteht_s_es so.
                 Ist jetzt ein lustiges Beispiel, ((lacht)) |
                 aber vielleicht versteht ihr es so.
18               Oiso mei partner muas a a kleidl auhåm, |
19               sonst pass_ma net zåm.
                 Also mein Partner muss auch ein Kleid
                 anhaben, | sonst passen wir nicht zusammen.
20               wenn jetzt mei partner a HOSN auhåt, | oder
21               an ROCK, | des PASST net.
                 Wenn jetzt mein Partner eine Hose anhat, |
                 oder einen Rock, | das passt nicht.
```

22		weil dånn sågt mei körpereigene poliZEI, |
23		der passt net zu DIR, | du brauchst wen mit
24		am KLEID. (---)
		Weil dann sagt meine körpereigene Polizei, | der passt nicht zu dir, | du brauchst wen mit einem Kleid. (---)
25		oiso blutgruppe A, (-) | wo des große A obm
26		is, | braucht (-) | poliZEI, | wås gegen OIS
27		åndare wirkt.
		Also Blutgruppe A, (-) | wo das große A oben ist, | braucht (-) | Polizei, | die gegen alles andere wirkt.
28		oiso de poliZEI gegen b. (---)
		Also die Polizei gegen B. (---)
29		kloa?
		Klar?
30	S_S:	jo.
		Ja.
31	Lehrkraft	is EIgentlich net so schwer.
		Ist eigentlich nicht so schwer.
32		DES meakt_s eich bitte zur blutgruppe a.
		Das merkt ihr euch bitte zur Blutgruppe A.
33		bei da blutgruppe B is_s genau umgekehrt,
34		(--) | blutgruppe B håt a hosn å. (---)
		Bei der Blutgruppe B ist es genau umgekehrt, (--) | Blutgruppe B hat eine Hose an. (---)
35		a HOse signalisiert b (---) | und zu
36		menschen mit hosn dürfen keine menschen mit
37		KLEIder. (--)
		Eine Hose signalisiert B (---) | und zu Menschen mit Hosen dürfen keine Menschen mit Kleidern. (--)
38		oiso de poliZEI *kämpft gegen a (--).*
		Also die Polizei kämpft gegen A (--).
39		IMmer gegengleich. (-)
		Immer gegengleich. (-)
40		so wie in der ersten KLASse, wenn då mädchen
41		SAN, | de woin net nem_an BURschen sitzen, |
42		weil de san so EKlig.
		So wie in der ersten Klasse, wenn da Mädchen sind, | die wollen nicht neben einem Burschen sitzen, | weil die sind so eklig.
43		und die BURschen woin net nem_an mädchen
44		sitzen, | weil DEE san so laut. (---)
		Und die Burschen wollen nicht neben einem Mädchen sitzen, | weil die sind so laut. (---)

(2017 erhoben von Hanna Grabenberger)

Die Lehrerin versucht anhand eines Vergleichs mit Kleidungsstücken die unterschiedlichen Blutgruppen zu erklären. Im sog. klassischen Lehrer_innenvortrag verwendet sie fast ausschließlich eine standardfernere Sprechweise.

Linguistische Phänomene

Auch hier wird durch das Vorkommen bestimmter Merkmale die dialektnahe Verwendung des Deutschen deutlich und dies auf Ebenen der Syntax, Morphologie, Lexik sowie Phonologie. So kommt es etwa bei *dånn, håb, wås, månn* (Z 04, 11, 12, 13) zu einer *a*-Verdumpfung. Auch wird das Verb *wissen* (Z 03) in der zweiten Person Plural mit einem „*ts*" flektiert, es kommen mehrere Apokopen (*i, is,* Z 10, 16), Assimilationen (*auhåm,* Z 18) und Enklisen (*pass_ma,* Z 19) vor. Außerdem wird im Relativsatz *[...] polizei in mir, die wås schaut,* (Z 11–12) typischerweise *was* als „zweite Einleitungspartikel" eingeschoben (s. Kapitel 3.4.2). Am Ende des Satzes (Z 14) wechselt die Lehrerin erneut in eine standardnahe Sprechweise. Hier könnte der Wechsel funktional als Marker für etwas inhaltlich Wichtiges eingesetzt worden sein. Interessant ist, dass der Fachbegriff *Blutgruppe* von der Lehrerin nicht diphthongiert wird (z.B. Z 03). Dies kann mit der Verwendung eines Fachvokabulars zusammenhängen (Blaschitz et al., 2020).

Interpretation

Anhand dieses Ausschnittes wird erneut verdeutlicht, dass bei der Lehrerin auch beim Erklären und im Vortrag die dialektnahe Sprechweise dominiert. Dies ist insofern interessant, als nicht vorausgesetzt werden kann, dass auch jene Schüler_innen, die sich Deutsch erst seit Kurzem aneignen, die unterschiedlichen Ausprägungen von Dialekt und Standardsprache verstehen. Zu bedenken wäre weiter, dass auch Schüler_innen, die innerhalb deutschsprachiger Regionen migrieren, Schwierigkeiten im Verstehen der örtlichen Umgangssprache bzw. dialektnaher Sprechweisen der Region haben könnten. Ob sich die Lehrerin des möglicherweise bestehenden Verstehensproblems bewusst ist, darüber reflektiert hat und bewusst oder unbewusst bestimmte Sprechweisen für den Vortrag wählt (z.B. die standardnähere Verwendung von *Blutgruppe* oder ein Wechsel in eine standardnähere Sprechweise in Z 14), kann nicht geklärt werden. Sie scheint jedoch nicht darauf zu achten, ob das Verständnis bei allen Schüler_innen gesichert ist. Erst am Ende der Erklärung (Z 29) fragt sie nach, ob alles klar sei. Da viele Schüler_innen dies mit *ja* beantworten, setzt sie die Erklärung fort. Die Erklärung mithilfe von Kleidungsstücken scheint eine lockere Stimmung (Z 15) im Klassensetting zu erzeugen. Es kann hier nicht beurteilt werden, ob tatsächlich alle die Erklärung verstanden haben. In Bezug auf Schüler_innen, die sich im Sprachaneignungsprozess der deutschen Sprache befinden, muss festgehalten werden, dass auch sie (zumindest rezeptive) Kompetenzen in standardnahem und dialektnahem Variationsgebrauch beherrschen müssten, um dem Inhalt des Unterrichts folgen zu können – und dies nicht nur in so genannten „weichen Fächern", wie von Berthele (2010) vermutet.

4.2 Umgang mit sprachlicher Variation im Unterricht

Ergebnisse der Spracheinstellungsforschung (bspw. Moosmüller, 1991; Soukup, 2009; Bellamy, 2012; Long & Preston, 2002) weisen darauf hin, dass Sprecher_innen bestimmter Sprechweisen jeweils positiver oder negativer bewertet werden. Insbesondere in Unterrichtssituationen könnten ebensolche Bewertungen eine Rolle spielen: Sie äußern sich beispielsweise durch Korrekturen, explizite oder implizite Ab- oder Höherbewertungen oder sogar Stigmatisierungen unterschiedlicher Sprech- und Schreibweisen im Klassenzimmer. Ein professioneller und reflektierter Zugang, der danach fragt, ob und warum etwas als richtig, falsch, schön oder unpassend gewertet wird, würde zu einem sprachsensibleren Umgang mit Variation im Unterricht führen. In den nachfolgenden Ausführungen wird der (un-) reflektierte Umgang mit Variation und Varietäten von Fachkräften unter der Perspektive der Bewertung besprochen. Der Fokus liegt dabei auf dem Dialekt-Standard-Kontinuum, wobei Überlegungen hinsichtlich eines Migrationsakzents auch relevant sind. Diese Thematik wird in Abschnitt 5.2 vertiefend aufgegriffen.

In Beispiel (5) findet eine Bewertung auf schriftsprachlicher Ebene statt, wobei es der Lehrkraft nicht gelingt, Herausforderungen bei der Unterscheidung von mündlichen Varianten und schriftlichen Standardnormen in einen pädagogischen Rahmen einzubetten.

Die Situation findet am Montagmorgen (11.00 Uhr) nach den dreiwöchigen Frühjahrsferien statt. Die Aufgabe der Schüler_innen ist es, zuerst mündlich über Erlebtes in den Ferien zu erzählen, diese Erzählungen sollen anschließend verschriftlicht werden. Die Kinder schreiben ihre Erzählungen, während die Lehrkraft den Schüler_innen bei sprachlichen Unsicherheiten hilft bzw. Textstellen korrigiert. Als Hintergrundinformationen zur Lehrkraft stehen uns folgende Daten zur Verfügung: Sie unterrichtet seit 20 Jahren und hat keine zusätzliche Ausbildung zu mehrsprachigkeitsdidaktischen Konzepten absolviert. Der Schüler Maryn wächst bilingual auf. Die Daten stammen aus einer Grundschule (3. Klassenstufe) in Hamburg.

Beispiel (5)

[Kinder reden durcheinander]

01	Lehrkraft:	maryn - wie sieht es aus?
02		((liest sehr schnell, leise und fast unverständlich maryns text vor))
03		ich hab fußball gespielt und habe mit oma karten gespielt
04		((dann laut)) geglotzt - geguckt.
05	Maryn?:	hm
06	Maryn:	((fragend)) ist das richtig?
07	Lehrkraft:	((liest)) mit mei - ran (das ist der name
08		seines vaters)
09	Maryn:	gameboy

Lehrkraft: ((liest)) und ich habe gameboy gespielt und ich habe fernsehen geglo mit t z
Maryn: mit t z ?
Lehrkraft: hm - darf ich mal deinen bleistift haben?
Maryn: fernsehen ist richtig, oder?
Lehrkraft: hm - ja
Maryn: mit doppel s?
Lehrkraft: hm - wart mal eben
Maryn: mit doppel s - fernsehen - oder mit h
Lehrkraft: fernse - HEN - h - e - n - da fehlte etwas - gut
Maryn: blatt - noch nicht fertig
Lehrkraft: bei meiNER oma - bei meiner oma und meiNEM opa
Maryn: wieso bei mein opa - geht das doch auch
Lehrkraft: nein - das sagt man nicht - das ist kein gutes deutsch - man spricht das - ganz richtig aus

(leicht veränderte und unseren Transkriptionskonventionen angepasste Version, entnommen aus Neumann, 2000, S. 192)

In dieser Sequenz bespricht die Lehrkraft einen Text des Schülers Maryn. Zuerst wird Maryn gefragt, ob er mit der Aufgabe vorankomme, danach liest die Lehrkraft den Text Zeile für Zeile durch, wobei sie einige fehlerhafte Aspekte korrigiert. Diese Anmerkungen belaufen sich auf eine andere Variante des Wortes *glotzen* (*gucken*) in Z 04. Korrigiert wird das Wort dann aber nur hinsichtlich der Schreibweise (*mit t z*) in Z 11. Die eigentliche Korrektur bezieht sich dann nämlich auf die korrekte Kasusendung des Possessivpronomens im Dativ (*bei meiNEM Opa,* Z 22-23). Während die Lehrkraft den Text liest, fragt Maryn zwischendurch nach einigen Schreibweisen, so beispielsweise *geglotzt* (Z 12) oder *Fernsehen* (Z 14). Außerdem widerspricht er der Lehrkraft am Ende, da er die Phrase *bei mein Opa* für richtig hält (Z 24).

Linguistische Phänomene

Durch den Verweis der Lehrkraft auf das „Fehlen“ der Flexionsendung der geschriebenen Phrase *bei mein Opa* (Z 22-23) und dem Gegenkommentar von Maryn, dies würde *doch auch gehen* (Z 24), wird die Diskrepanz zwischen mündlichem Sprachgebrauch und geschriebener Standardsprache sichtbar. Im Mündlichen ist es durchaus üblich, *bei mein Opa* zu sagen, d.h. so den Dativ auszudrücken, was überdies zu keinerlei Verständnisschwierigkeiten führen würde. Die an der Standardsprache orientierte sog. Schriftsprache lässt dies jedoch nicht zu.

Interpretation

Die Lehrkraft bewertet zwei sprachliche Aspekte: Das eine Mal eine für sie passender erscheinende Wortwahl (*glotzen – gucken*), das andere Mal wird eine grammatikalische Inkorrektheit thematisiert, die sich scheinbar durch den Transfer des Schülers von einer mündlich gebrauchten Dialektform auf die Schriftsprache ergibt. Die Lehrerin positioniert sich im Fallbeispiel als wissende Person und bewertet Maryns Phrase durch die Aussage, seine sprachliche Verwendung der deutschen Sprache (*bei mein Opa*) sei *kein gutes Deutsch* und man spreche diese Endungen stets *richtig* aus (Neumann, 2000, S. 203). Die Lehrkraft geht also von einer sprachlichen Kompetenz der Kinder aus, die bereits an der Schriftsprache orientiert ist, und übergeht, dass Maryn das, was er im Alltag hört, richtig wiedergegeben hat. Die Schriftsprache muss aber erst von den Kindern erlernt und das dafür notwendige Wissen entwickelt und aufgebaut werden, um es aktiv in grammatikalischen Strukturen verwenden zu können. Der Lehrkraft gelingt es hier nicht, eine klare Trennung (und somit einen Transfer) zwischen der zuvor von den Schüler_innen mündlich erzählten Geschichten und den nun schriftlich herzustellenden Texten zu markieren, die anderen Voraussetzungen – nämlich normativen – folgen. Es findet keine Reflexion über die Funktion von Sprachvarietäten (in diesem Fall dialektnaher mündlicher und standardnaher schriftlicher Textproduktion) statt, was hilfreich und notwendig wäre, um die Kinder besser zur gewünschten Varietät zu führen.

Neben der Problematik, dass die Lehrkraft Wissen voraussetzt, das offensichtlich noch nicht gegeben ist, scheint es ihr hier schwer zu fallen, geeignete didaktische Mittel zu verwenden, die die Schüler_innen dabei unterstützen würden, den Herausforderungen auf transparente Weise zu begegnen, ohne dabei wertend darauf zu verweisen, dass gewisse sprachliche Verwendungen besser oder schlechter wären. Wichtiger erschiene es, zu klären, dass es sich um unterschiedliche Konzepte von Mündlichkeit und Schriftlichkeit mit verschiedenen Möglichkeiten dialektnaher bzw. standardsprachlicher Formen handelt.

Auch Neuland und Hochholzer (2006) machen mit ihren Befragungen von Deutschlehrkräften auf ähnliche Schwierigkeiten aufmerksam. Sie schreiben, dass Lehrkräfte „auch heute noch ratlos sind, wenn nach konkreten didaktischen Maßnahmen [im Zusammenhang mit dialektbedingten Schulschwierigkeiten, Anm. d. Verf.] im Deutschunterricht gefragt wird“ (Neuland & Hochholzer, 2006, S. 184). Auf Schwierigkeiten, die beim normstandardsprachlichen Schreiben entstehen und auf Entsprechungen dialektnäherer Sprechweisen zurückzuführen sind, verweisen beispielsweise Glück und Leonardi (2019, S. 458f.) und Glantschnig (2011, S. 237)[43]. Eine geeignete Vorgehensweise im Sinne einer Didaktik, die diese Herausforderungen aufgreift, fehlt bislang (Neuland & Hochholzer, 2006, S. 185, Janle & Klausmann, 2020).[44] Das Beispiel zeigt, dass im mündlichen Ge-

43 Dies bedeutet jedoch nicht, dass Dialektsprecher_innen generelle Schwierigkeiten in der Aneignung von sprachlichen Teilkompetenzen (z.B. Grammatik) in der Schule haben (Glantschnig, 2011, S. 237).

44 Unwesentlich ist dabei nicht darauf zu verweisen, dass es durch vermeintlich „normverletzende“ Abweichungen auf Grund von dialektalen oder regionalen Sprechweisen auch zu

brauchsstandard die Formen wie *bei mein Opa* nicht auffallen und erst in schriftlichen Texten sichtbar bzw. als inkorrekt markiert werden (können). Aus der Perspektive der prinzipiellen Gleichstellung von sprachlichen Varianten wäre es besser, dass diesbezüglich nicht von Fehlern gesprochen würde, sondern von unterschiedlichen Normen bzw. Voraussetzungen (bspw. auch in Registern) (vgl. Ziegler, 2011, S. 253). Das im Unterricht bewusste Thematisieren verschiedener sprachlicher Konstruktionen und verschiedener Möglichkeiten je nach Variationsgebrauch, könnte allen Schüler_innen unterstützend zugutekommen. Dies würde auch dazu beitragen, den Sprachstand und die Sprachverwendung aller Kinder im Sinne einer laufenden Sprachstandsbeobachtung zu kennen und darauf aufbauend Vermittlungsstrategien und Strategien zur Verständnissicherung zu entwickeln. Didaktisierungsvorschläge dahingehend werden in Kapitel 6 vorgestellt.

In Beispiel (6) werden im Unterricht inszenierte Rollenspiele durchgeführt, in denen der Umgang mit „Hochdeutsch" als Lerngegenstand thematisiert wird. Die Daten stammen aus einer zweiten Klasse der Grundschule in der Deutschschweiz. Die Kinder tauschen Kleidungsstücke aus, um daran anschließend auf „Hochdeutsch" Auskunft darüber zu geben, wer nun welches Kleidungsstück trägt. Auffällig ist, dass die Lehrkraft selber eine dialektale Sprechweise verwendet, während die Schüler_innen die Schweizerdeutsche Standardvarietät verwenden sollen.

Beispiel (6)

01	Lehrkraft:	wie würdsch du das säge?
		Wie würdest du das sagen?
02	Schüler_in:	n. hat a-a. sei sein
		N. hat A-A. sei[45] seinen [eigentlich „ihren"]
03	Lehrkraft:	haarreif
04	Schüler_in:	haarreifen an
05	Lehrkraft:	chönnt das öpper no besser oder no angers
06		säge ((unverständlich))
		Könnte das jemand noch besser oder noch anders sagen ((unverständlich))?
07	Schüler_in:	N. hat den haarreif von A.
08	Lehrkraft:	an
09		guet itz cha me das äbe Hochdütsch no
10		angers säge
		Gut, jetzt kann man das eben Hochdeutsch noch anders sagen.
11		mit em wörtli trägt
		Mit dem Wörtchen trägt.
12	S_S:	ääähh

schlechteren Benotungen bzw. Diskriminierungen von Schüler_innen oder Student_innen durch Lehrkräfte kommen kann (vgl. für Deutschland Maitz & Elspaß, 2011).

45 „Sein" als Gebrauchsform eines alten dialektalen Possessivpronomens, welches auch für die weibliche Form zulässig/verwendbar ist. In einer standardsprachlichen Übersetzung wäre somit auch „ihre" möglich.

```
Lehrkraft:    probier
Schüler_in:   N. trägt den haarreif von A.
Lehrkraft:    wei mer das no chli chürzer säge u chlei
              chlei schwiriger
              Wie wir das noch ein bisschen kürzer sagen
              und ein bisschen ein bisschen schwieriger.
              u de heisst_s eso N. trägt I.s ((Ineses))
              haarreif
              Und dann heißt es also N. trägt I.s
              ((Ineses)) Haarreif.
S_S:          I.s ((Ineses)) haarreif ((lachen))
Lehrkraft:    dr I. ire haarreif heisst I.s ((Ineses))
              Haarreif
              Der I. ihr Haarreif heißt I.s ((Ineses))
              Haarreif.
              probieret einisch aui zäme
              Probiert einmal alle zusammen.
S_S:          N. trägt I.s ((Ineses)) haarreif ((im
              chor))
              N. trägt I.s ((Ineses)) Haarreif.
```

(leicht veränderte und unseren Transkriptionskonventionen angepasste Version, entnommen aus Schmidlin, 2018, S. 34–35 bzw. Werlen, 2001, S. 430f.)

In der Sequenz wird ein_e Schüler_in aufgefordert zu beschreiben, was ein_e andere_r Schüler_in trägt. Die Lehrkraft versucht dabei den_die Schüler_in zu unterstützen, bestimmte Wörter bzw. Phrasen zu verwenden.

Linguistische Phänomene

Wie bereits erwähnt, spricht die Lehrkraft trotz des von ihr gewählten bewussten Lernziels, „Hochdeutsch" zu verwenden nach wie vor im Dialekt, obwohl sie genau das von ihren Schüler_innen nun nicht erwartet. Die Lehrkraft versucht ihre Schüler_innen zu einem einzigen „richtigen" Standard des Schweizerdeutschen hinzuführen: *anhaben – tragen, von Ines – Ineses* (was inkorrekt wäre) (Schmidlin, 2018, S. 35). Wie Schmidlin (ebd.) anmerkt, wird die Verwendung des Plurals von *Haarreifen* (Z 04) anstelle von *Haarreif* von der Lehrkraft nicht wahrgenommen. Die vorgeschlagenen Veränderungen beziehen sich also hauptsächlich auf lexikalische wie grammatikalische Ebenen.

Interpretation

Die Lehrkraft suggeriert in diesem Beispiel, dass nur bestimmte Varianten der Schweizerdeutschen Standardsprache (Hochsprache) gültige Varianten seien, Variation wird nicht zugelassen. So versucht sie den_die Schüler_in Schritt für Schritt an diese vermeintlich einzig richtige Form der „Hochsprache" hinzuführen. Die Formulierung *von Ines* wäre in der Schweizer-

deutschen Standardvarietät – v.a. im mündlichen Gebrauch, in dem die Übung stattfindet – üblich und zulässig. Dennoch bewertet die Lehrkraft diese Variante als unpassend. Sie möchte eine noch *bessere, kürzere* und vor allem *schwierigere* Variante (die Genitivform) von dem_der Schüler_in hören. Gleichsam betrifft dies das Wort *anhaben*, welches auf *tragen* (Z 13) ausgebessert wird, obwohl auch *anhaben* im mündlichen Gebrauchsstandard verwendet werden könnte (Schmidlin, 2018, S. 35). Durch die wiederholten Aufforderungen der Lehrkraft, dass der_die Schüler_in die Sätze noch *besser* (Z 05) oder *schwieriger* (Z 16) sagen solle, wird impliziert, dass der_die Schüler_in die Aufgabe mit der für ihn_sie gültigen Variante der Schweizerdeutschen Hochsprache nicht passend bzw. gut genug lösen kann. Die Lehrkraft schafft es demnach weder, die Varietäten Dialekt und Standardsprache didaktisch und pädagogisch den Schüler_innen zugänglich zu machen noch gelingt es ihr, eine sinnvolle Unterscheidung zwischen mündlichem und schriftlichem Sprachgebrauch zu treffen.
Unabhängig davon, ob Schüler_innen, die Deutsch als Zweit- oder Erstsprache erwerben, am Unterricht teilnehmen, sollten aus einer Perspektive der prinzipiellen Gleichstellung aller Varietäten Lehrkräfte versuchen, verschiedene Varietäten und einzelne Varianten nicht als besser oder schlechter zu (de-)klassifizieren, sondern eher auf die Existenz und Berechtigung beider verweisen (im Sinne des Kontinuums und auch bildungssprachlicher Elemente). Denn Sprache darf nicht als einheitlich und eindeutig gegeben verstanden werden, „sondern als komplexe Menge von sprachlichen Varietäten [...]" (Bußmann, 2008, S. 771). Durch einen reflektierten und sprachsensiblen Zugang würde die Wahrnehmung für verschiedene Varietäten und für Variation aber auch die eigene sprachliche Kompetenz generell gestärkt werden (seitens Lernender und Lehrender) (bspw. Neuland, 1994). Zudem wäre eine gemeinsame Sprachreflexion geeigneter, um „das gemeinsame sprachliche Miteinander auch über den schulischen Raum hinaus positiv [zu] beeinflussen" (Ransmayr & Fink, 2016, S. 176). Dieser Zugang könnte durch eine metasprachliche Auseinandersetzung mit der Thematik eher gelingen als durch die reine Abwertung bestimmter Varianten. Denn „letztlich ist weder ein Überbetonen der Unterschiede hilfreich noch eine Haltung, die eine unreflektierte Anpassung an einen vermeintlich höherwertigen (oder allein gültigen) Standard fördert" (Dannerer, 2017, S. 19). Durch die Beschäftigung mit verschiedenen Formen und ihrer Verwendung könnten auch Schüler_innen mit Deutsch als Zweitsprache stärker davon profitieren, diese Thematik als Lerngegenstand im Unterricht zu erleben. Es wäre dann nicht mehr ihre persönliche Aufgabe, Wissen über die angemessene Verwendung verschiedener Varietäten aufzubauen, sondern Vermittlungsaufgabe der Schule und ihrer Akteur_innen.

4.3 Funktionales Einsetzen von Variation

Befragungen zum Dialekt-Standard-Kontinuum von Schüler_innen, die sich das Deutsche als zweite Sprache aneignen, zeigen einerseits, dass sie vor allem die Beherrschung des Dialekts als wichtigen Ausdruck der Zugehörigkeit zu ihrer lebensweltlichen Umgebung ansehen. Andererseits wird darauf hingewiesen, dass die Standardsprache trotzdem in der Schuleingangsphase gerade für diese Kinder als wichtiges Hilfsmittel für Verstehensprozesse im Unterricht beitrage (Ender, Kasberger & Kaiser, 2017, S. 106). Untersuchungen zeigen weiter, dass Lehrkräfte teilweise – anders als in den obigen Beispielen – verschiedene Sprechweisen und auch unterschiedliche Komplexitätsgrade verwenden, um die Verständigung zu sichern (Roche, 2005, S. 271, Blaschitz et al., 2020).

Das folgende Beispiel zeigt, inwiefern Verständnissicherung, aber auch Fragen der Zugehörigkeit (s. Kapitel 5) durch die sprachliche Wahl der Lehrkraft berührt und ausgehandelt werden.

Beispiel (7)

01 Lehrkraft: håbt_s verSTÅNDn | wem is des NET klor?
Habt ihr verstanden, | wem ist das nicht klar?
02 OIN klor?
Allen klar?
03 SUpa.
Super.
04 SuS: ((durcheinander))
05 Lehrkraft: dånn SCHAU_ma se schnö de ergebnisse au, |
06 håbt_s es OBgschriem?
Dann schauen wir uns schnell die Ergebnisse an, | habt ihr es abgeschrieben?
07 ((an schülerinnen mit ao-status gerichtet)):
08 malak und marwa, | is das KLAR, |
09 oder is es zu SCHWER?
10 marwa, kommst du MIT, | Oder?
11 Marwa: ja.
12 Lehrkraft: ok. (---)
13 WART ihr schon einmal beim roten kreuz?
14 blutspenden?
15 wisst ihr eure BLUTgruppe?
16 Malak: nein.
17 Lehrkraft: AUCH nicht, | gibt es bei euch auch so etwas
18 wie einen mutter-KIND-pass, | oder SO?
19 ein dokuMENT wo, | wenn man auf die WELT
20 kommt, | von da an die ganzen unterSUCHungen
21 eingetragen werden.
22 Malak: ((unverständlich))
23 Lehrkraft: GIBT es keine untersuchung,
24 beim SCHULarzt oder so auch nicht?
25 Malak: nein.
26 Lehrkraft: nee, | aber das rote KREUZ, | wenn man
27 BLUTspenden geht, | das MACHT oiso MACHen sie
28 gratis.
nein, | aber das rote Kreuz, | wenn man Blutspenden geht, | das macht also machen sie gratis.
29 wenn_s euch einmal interesSIERT.

Wenn es euch einmal interessiert.
30 ((an alle)) so LEUte ((laut)), | kommt_s ihr
31 nuamoi schnö HER, | schau_ma se des AU.
So Leute ((lacht)), | kommt ihr noch einmal
schnell her, | schauen wir uns das an.

(2017 erhoben von Hanna Grabenberger)

Dieses Beispiel zeigt, dass die Lehrkraft je nach Schüler_in unterschiedliche Variationsmodi verwendet. Um das Verständnis von zwei Schülerinnen mit außerordentlichem Status zu sichern, wechselt die Lehrkraft in eine eher standardnahe Sprechweise.

Linguistische Phänomene

Von Z 01 bis 06 adressiert die Lehrerin alle Schüler_innen der Klasse und es kommen auch hier einige dialektale Merkmale wie etwa auf der Ebene der Phonetik Verdumpfungen (*dånn*), Vokalsenkung und Elision des Frikativs „*ch*" (*net*) und auf der Ebene der Morphologie Enklisen (*håbt_s, schau_ma*) oder die Endung *-ts* in der zweiten Person Plural vor. Beim Adressat_innenwechsel in Z 07 ist ein Wechsel in eine standardnähere Sprechweise zu beobachten (wobei nach wie vor Bewegungen hin zu einer dialektnäheren Sprechweise erkennbar sind, siehe z.B. *wenn_s* in Z 29). In Z 26 verwendet sie die Variante *nee* von *nein*, wobei dies als eher untypisch für die Region gelesen werden kann. Die standardnahe Sprechweise wird nur so lange verwendet, bis sich die Lehrerin wieder allen Schüler_innen zuwendet.

Interpretation

Das Beispiel lässt u.E. bezüglich einer funktionalen Verwendung von verschiedenen Sprechweisen zwei Interpretationen zu:

Einerseits unterrichtet die Fachkraft umgangssprachlich bzw. dialektnah und geht davon aus, dass sie von allen Schüler_innen verstanden wird. Die explizite Hinwendung der Lehrkraft an die Schüler_innen mit außerordentlichem Status (Z 07–12) kann als Versuch gedeutet werden, auf sprachliche Schwierigkeiten Rücksicht zu nehmen und die Verständigung sichern zu wollen (Blaschitz et al., 2020). Die Verständnissicherung erfolgt in einer standardnahen Sprechweise – ein Verständnis wird ihr von Marwa und Malak auch zugesichert, wobei unklar bleibt, inwieweit das Gesagte verstanden wurde.

Eine andere Sichtweise wäre, dass während der „alleinigen" Adressierung der Schüler_innen mit Deutsch als Zweitsprache durch das Wechseln in eine andere Sprechweise als üblich, nämlich eine dialektfernere Sprechweise, eine Situation erzeugt wird, die als „Othering" (vgl. bspw. Thomas-Olalde & Velho, 2011) bezeichnet werden kann. Die Schüler_innen würden dadurch eine Verbesonderung erfahren, indem sie aus der Gemeinschaft aller ausgeklammert werden. Die kurze standardnahe Hinwendung an die betreffenden Schüler_innen könnte vor dem Hintergrund, dass die Lehrerin ansonsten nur dialektnah spricht folglich auch unsensibel bzw. unreflektiert erscheinen. Nachdem sie beim direkten Ansprechen den für sie sonst üblichen Gebrauchsstandard verwendet, kann davon ausgegangen werden, dass sie annimmt, in dieser standardnäheren Sprechweise von den beiden Schülerinnen besser verstanden zu werden. Das führt zur Frage, warum sie nicht grundsätzlich eine sprachliche Form wählt, bei der anzunehmen wäre, dass sie von allen Schüler_innen verstanden wird. Zusätzlich könnte dadurch das Zugehörigkeits- und Gemeinschaftsgefühl derer, die im Dialekt sprechen und auch in diesem adressiert werden, noch gestärkt werden, wohingegen ein Gefühl des Nicht-Dazugehörens bei den marginalisierten Schüler_innen aufkommen könnte.

Ob nun eine Sensibilität für das bewusste Verwenden der Unterrichtssprache bzw. für bestimmte Strategien, um das Verstehen jeden_r Schülers_Schülerin zu gewährleisten, bei der Lehrerin fehlt bzw. teilweise vorhanden ist (s. dazu Neuland & Hochholzer, 2006), kann hier nicht endgültig beantwortet werden. Generell möchten wir aber aus einer doppelten pädagogischen Perspektive der Verständnissicherung und der Vermeidung eines Othering Folgendes vorschlagen: Für alle Kinder und Jugendliche sollten Bildungsinhalte so vermittelt werden, dass diese – im Sinne einer sprachlichen Bildung – sprachlich transparent, differenziert und wenn möglich individuell angeboten werden (vgl. Fürstenau & Niedrig, 2011). Um mit dem Dialekt-Standard-Kontinuum reflektiert umzugehen, sollten Lehrkräfte auf die Sicherung des Verständnisses für alle Schüler_innen achtgeben, wobei dabei zu bedenken wäre, dialektnähere bzw. standardnahe Formen im Sinne eines sprachbewussten Fachunterrichts – soweit möglich – klarer erkennbar zu machen. Eine Überlegung hierzu bietet der letzte Satz aus Beispiel (7, Z 30): *schau_ma se des au.* Wörtlich in die Standardsprache übersetzt würde diese Phrase: *Schauen wir* ***sich*** *das an* lauten, was durch die Verwendung des Reflexivpronomens *sich* anstelle des Personalpronomens *uns* allerdings nicht der standardsprachlichen grammatischen Norm entsprechen würde. Derartige Unterschiede explizit anzusprechen und zu thematisieren wäre u.E. eine Möglichkeit, das Dialekt-Standard-Kontinuum im Unterricht aktiv in den Sprachlernprozess miteinzubeziehen, auch um Fehlerquellen für die schriftliche Produktion zu vermindern. Davon profitieren würden nicht nur Schüler_innen mit Deutsch als Zweitsprache, sondern alle Schüler_innen, da sprachliches Bewusstsein und Sprachwissen auf- bzw. ausgebaut werden würde. Zusätzlich würde aber auch die soziale Integration erhöht werden (Glantschnig, 2011, S. 238). Dazu notwendig wäre allerdings ein sehr gutes variationslinguistisches Wissen und situatives sprachliches Handeln von Lehrkräften, die sich im Sinne der „durchgängigen Sprachbildung“ (Gogolin & Lange, 2011) fächerübergreifend bzw. klassenübergreifend vernetzen.

5. „Wer zu uns gehören will, muss Mundart lernen“[46] – sprachliche Variation als soziale Praxis

5.1 Herstellung migrationsgesellschaftlicher Zugehörigkeitsräume

Eine Studentin, die Kinder hat, erfährt in einem Uni-Seminar, sie solle mit ihren Kindern möglichst bildungs- und standardsprachlich sprechen und setzt diese Empfehlung in die Tat um. Die Kinder, beide im Primarstufenalter, reagieren irritiert. Das ältere Kind fragt seine Mutter, warum sie so komisch spreche.[47] Diese Frage zeigt, dass das Kind bereits ein Gespür für die Angemessenheit von bestimmten sprachlichen Mitteln in bestimmten sozialen Situationen entwickelt hat (vgl. Bourdieu, 1990, S. 12). Das standardsprachliche Register der „Bildungssprache“ unterscheidet sich von dem gewohnten Deutschgebrauch seiner Mutter, was es irritiert registriert. Das deutet darauf hin, dass das Kind sprachliche Variation mit einer sozialen Situation in Verbindung bringen und bewerten kann. Dieser soziale Zusammenhang der sprachlichen Variation und dessen Implikationen sind Thema des vorliegenden Kapitels, in dem zwar das Deutsche im Vordergrund steht, das aber auch zumindest ein wenig als Teil der migrationsbedingten Mehrsprachigkeit betrachtet wird; es geht sozusagen um den sozialen Sinn der Verwendung von „Dialekt-Standard-Kontinua der Migrationsgesellschaft“ mit Fokus auf das Deutsche.

Ob wir jemanden mit *hallo, hallöchen, merhaba, mereba, hey, Tach, guten Tag, grüß Gott, grüß Sie Gott, griaß eich* oder *selam* begrüßen, ist nicht nur ein Zeichen von Kontaktaufnahme und Höflichkeit. Die Wahl einer dieser oder anderer Begrüßungsformeln ist auch Zeichen des Alters, der sozialen Stellung, der Zugehörigkeit des_der Sprechenden zu bestimmten gesellschaftlichen Gruppen und der Herstellung eines bestimmten Verhältnisses zum_zur Adressaten_Adressatin. Beispielsweise wird mit der Wahl der Begrüßungsformel *guten Tag* eine sehr viel förmlichere Atmosphäre hergestellt als mit *hey,* womit auch eine distanziertere Verhältnissetzung zum_zur Adressaten_Adressatin einhergeht. Mit der Wahl einer für den jeweiligen sozialen Status „erlaubten“ Begrüßungsformel wird beim_bei der anderen auf eine bestimmte Art und Weise „angeklopft“, eine bestimmte Erwartung ausgedrückt und zugleich die Möglichkeiten des_der anderen, darauf zu reagieren, in eine bestimmte Richtung gelenkt. Manche der Begrüßungsformeln sind nur innerhalb bestimmter Gruppen verwendbar, so z. B. das türkische *Merhaba* in den deutschsprachigen Ländern vermutlich zumeist unter Menschen, die Türkisch können und sprechen (vgl. Dirim & Auer, 2004). Das informellere *Mereba* unterstreicht im Gegensatz zum *Merhaba* die Vertrautheit mit den Angesprochenen, ist im Grunde nur unter Freund_innen, Verwandten und Familienmitgliedern verwendbar. Zugleich wird mit der Verwendung dieser Begrüßungsformel eine bestimmte Art von Zusammengehörigkeit hergestellt, wenn es auch möglich gewe-

46 Zitat eines Sekundarstufenlehrers in Knoll (2018, S. 222).
47 İnci Dirim gegenüber berichtet.

sen wäre, sich auf Deutsch zu begrüßen. Es ist mit der Verwendung von *merhaba* oder *mereba* sozusagen ein doppelter Akt der Herstellung von Zugehörigkeit verbunden: einerseits die symbolische (Re-)Produktion von Vertrautheit, andererseits eine damit verknüpfte Verhältnissetzung zur Migrationsgesellschaft, in der Sprachen nicht einfach nur Sprachen sind, sondern auch Differenzmerkmale. Wenn die Begrüßungsformel von jemandem verwendet wird, der_die sonst kein Türkisch spricht, sind damit andere Konnotationen verbunden als von jemandem, der_die als eine der „lebensweltlichen Sprachen“[48] Türkisch spricht. Ein nett gemeintes *Merhaba* eines als „Österreicher“ geltenden Mannes einer Frau gegenüber bedeutet z.B. auch deren Anerkennung als „Türkin“, unabhängig davon, was im Einzelnen mit diesen ethnischen Bezeichnungen auch jeweils gemeint sein mag. Wie Mecheril (2010a) herausarbeitet, ist allerdings Anerkennung prekär, wenn sie ethnisierende und kulturalisierende Festschreibungen erzeugt, die durch die „Bewahrung und Konservierung von kollektiven Identitäten“ (ebd., S. 185) entstehen.

> Sobald der und die Migrationsandere erkannt und geachtet wird, findet eine Festschreibung des Anderen als Anderer statt. Das Problem der Ansprache, der Wahrnehmung, der Einbeziehung und Anerkennung Migrationsanderer in ihrer Andersheit besteht darin, dass sie im Akt der Anerkennung die Logik, die das Anderssein und Nicht-Anderssein produziert, wiederholt und bestätigt (Mecheril, 2010a, S. 187).

Was heißt es etwa, in Österreich als „Türkin“ anerkannt zu werden? Zumindest enthält diese Begrüßung auch die Zuordnung zu einer Migrant_innengruppe, die in der österreichischen Gesellschaft allgemein keinen hohen Stellenwert genießt. Diese Begrüßung kann in einem Kontext, in dem die ethnisch/nationale Zugehörigkeit keine Rolle spielen sollte, zum Beispiel bei einer beruflichen Sitzung, eine Markierung und auch ein Othering als „Migrationsandere“[49] (Mecheril, 2010b, S. 17) erzeugen, auch wenn sie sehr nett gemeint sein sollte, weil Bedeutungen, die durch gesellschaftliche Diskurse erzeugt werden, in die verschiedensten Gespräche hineinwirken bzw. Gespräche in diese Diskurse auf die eine oder andere Art und Weise involviert sind. Bedeutung kann nicht unabhängig von gesellschaftlichen Diskursen erzeugt werden. Im Umkehrschluss heißt das auf der einen Seite, dass ohne (implizite) Bezugnahme auf diskursives Wissen keine Verständigung möglich ist, weil Verständigung einer gemeinsamen Wissensbasis bedarf. Auf der anderen Seite kann in einem anderen Kontext *merhaba* eine davon abweichende Konnotation besitzen.

---

48 Dieser Begriff stellt eine Analogiebildung zum Begriff „lebensweltliche Zweisprachigkeit“ von Gogolin (1988, S. 43) dar, mit dem im vorliegenden Fall ausgedrückt sein soll, dass es sich beim Türkischen nicht um eine Fremdsprache handelt, sondern um eine Sprache, die im Alltag bedeutsam ist und verwendet wird. Zum hier angewandten Lebenswelt-Begriff s. Husserl (1954).

49 „das Kunstwort [...] ‚Migrationsandere‘ [ist] eine Bezeichnung, die das Problem der Pauschalisierung und der Festschreibung anzeigt. Denn ‚Migrationsandere‘ ist ein Wort, das zum Ausdruck bringt, dass es ‚Migrant/innen‘ und ‚Ausländer/innen‘ und komplementär ‚Nicht-Migrant/innen‘ und ‚Nicht-Ausländer/innen‘ nicht an sich, sondern nur als relationale Phänomene gibt. [...] ‚Migrationsandere‘ stellt eine Konkretisierung politischer und kultureller Differenzverhältnisse dar“ (Mecheril, 2010b, S. 17, Herv. i. O.).

Merhaba und *mereba* sind nicht mit etwa *griaß di* und *grüß Gott* bzw. auch anderen deutschsprachigen Begrüßungsformeln gleichzusetzen – auch wenn man vielleicht eine der Begrüßungsformeln als Übersetzung für die eine der anderen wählen könnte, – weil durch die Wahl von *mereba* oder *griaß di* unterschiedliche historische, gegenwärtige, weltanschauliche u.a. komplexe Kontextualisierungen aufgerufen, und damit, vor allem durch die verwendete Sprache inkl. deren Platzierung auf Dialekt-Standard-Kontinua der Migrationsgesellschaft auch „natio-ethno-kulturelle Zugehörigkeitsräume" (vgl. Mecheril, 2003, S. 27f.) (re-)produziert werden. Und wie oben gezeigt wurde, können die Konnotationen der Begrüßungsformeln je nach Kontext, gesellschaftlicher Stellung und natio-ethno-kultureller Zugehörigkeit der_des Sprechenden und des_der Adressaten_Adressatin völlig unterschiedlich sein. Dennoch – oder gerade deshalb – sind sie Bestandteile des kollektiven Sprachrepertoires eines Kommunikationsraums. Insofern könnte man hier von einem Dialekt-Standard-Kontinuum der „migrationsgesellschaftlichen" (Mecheril, 2010b, S. 11) Mehrsprachigkeit, das das Deutsche mit einschließt, sprechen. Das Deutsche erlangt seine symbolische Bedeutung in einem gesellschaftlichen Kontext, der konstitutiv durch Migration mitbestimmt wird. Damit verbunden ist, dass das Deutsche in seiner zugehörigkeitsbezogenen Bedeutung durch eine von Migrationssprachen isolierte Betrachtung nur unzureichend erfasst werden könnte. Die Migrationssprachen und deren Kontinua werden selbst dann wirksam (gesetzt), wenn sie in einen migrationsgesellschaftlichen Zusammenhang nicht einbezogen werden, wie dies in schulischen Kontexten zumeist der Fall ist, weil damit die offizielle Dominanz des Deutschen im Spiegel der Abwesenheit der Migrationssprachen potenziert wird. Diese Dominanz ist ein Faktor, der die Sprachen zu Differenzmerkmalen werden lässt, womit die Möglichkeit verbunden ist, dass mit ihnen bestimmte Menschen bzw. Schüler_innen einbezogen oder ausgegrenzt werden. Pädagogik kann heißen, dass der durch die Rahmenbedingungen gegebenen Positionierung von Menschen über ihre „Sprachigkeit"[50] (u.a. Busch, 2017, S. 114f.) zugearbeitet wird oder dass ihr entgegengewirkt wird – auch über die Verwendung eines Dialekt-Standard-Kontinuums.

Selbstverständlich gilt die im Zusammenhang mit den türkischen Begrüßungsformeln und Begrüßungsformeln in anderen Sprachen erzeugte Verhältnissetzung auch für deutsche Begrüßungsformeln. Welche deutsche Begrüßungsformel auch immer gewählt wird, wird damit im migrationsgesellschaftlichen Kontext vor dem Hintergrund der migrationsbedingten Mehrsprachigkeit auf Deutsch gegrüßt. Die türkischen und deutschen Grußformeln stehen für „Zugehörigkeitsordnungen" (Mecheril, 2015, S. 38f.) der Migrationsgesellschaft, da die Zugehörigkeitsräume, wie oben schon angeklungen ist, die mitunter durch die Verwendung der Grußformeln symbolisch konstituiert werden, nicht einander gleichgestellt sind. Daher werden durch ihre Verwendung unterschiedlich positionierte symbolische Zugehörigkeitsräume markiert. Deutsch und Türkisch sind Sprachen, die soziale Distinktion markieren und daher Differenzmerkmale

50 Mit diesem Begriff soll die übliche Einteilung von Mehrsprachigkeit in verschiedene Sprachen überwunden werden, was dem Gedanken eines Kontinuums entgegenkommt.

sind.[51] Daran kann erkannt werden, dass das Dialekt-Standard-Kontinuum der deutschen Sprache im Spiegel des Dialekt-Standard-Kontinuums des Türkischen soziale Bedeutung erlangt und umgekehrt. Die Dialekt-Standard-Kontinua sind damit Bestandteile der Aushandlung sozialer und gesellschaftlicher Zugehörigkeitsordnungen bzw. ist jeder Akt der Begrüßung, um beim obigen Beispiel zu bleiben, in der einen oder anderen Sprache im migrationsgesellschaftlichen Raum, ob intendiert oder nicht, Teil der Konstitution der migrationsgesellschaftlichen Zugehörigkeits- und Differenzordnung. Dieses Verhältnis gilt auch für andere Sprachen in der Migrationsgesellschaft und deren Variation, sodass wir es mit einem komplexen Gefüge der Zugehörigkeitsordnungen zu tun haben, die mit anderen Differenzmerkmalen wie Ethnie auch durch das Differenzmerkmal Sprache bzw. deren Zusammenspiel konstituiert werden.

5.2 Sprachliche Variation und Macht

Aller Voraussicht nach wissen die meisten Sprecher_innen nicht um die Bedeutung ihres Sprechens als differenzproduktive Kraft, auch nicht (immer) im Zusammenhang mit der Wahl von Varianten. Der Zugriff auf Variation erfolgt allerdings nicht immer unbewusst. Dirim (1998) beobachtete dies in einer Hamburger Grundschulklasse, in der türkisch-deutschsprachige Schüler_innen, die etwa die Hälfte der Klasse bildeten, im Unterricht beide Sprachen verwenden durften. Die Kinder sprachen bei der Bearbeitung von Aufgaben in der Kleingruppe Deutsch und Türkisch und wechselten – unter sich – ins Deutsche, wenn sie das Gesagte auch Mitschüler_innen, die kein Türkisch konnten, potenziell zugänglich machen wollten. So signalisierten sie bei der Bearbeitung einer längeren Aufgabe nach einzelnen Arbeitsschritten einander mit dem türkischen Wort *bitti* (= *fertig*), dass sie fertig sind. Am Ende der langen Arbeit mit vielen Zwischenschritten erfolgte diese Information mit dem deutschen Wort *fertig*. Die Logik dieser Wahl türkisch-deutscher Variation war, dass sie offensichtlich davon ausgingen, dass es für die anderen nicht wichtig war zu wissen, dass sie einen Zwischenschritt der Aufgabe erledigt hatten, sondern dass es für die anderen eher interessant war, dass bzw. wenn sie insgesamt mit der Bearbeitung einer der gesamten Klasse gestellten Aufgabe fertig waren (Dirim, 1998, S. 62f.). Damit fand anhand der Verwendung des Deutschen ein Einbezug der gesamten Gruppe statt, womit die Information der Gesamtgruppe gesichert wurde. Die Kinder berücksichtigten also während ihrer Gruppenarbeit ihre Mitschüler_innen und drückten dies durch die Wahl der passenden Variante aus, ohne dass das ihnen von jemandem erklärt worden wäre. Daran lässt sich erkennen, dass die Kinder ein Gespür der sprachlichen Verhältnisse in der Klasse entwickelt hatten. Die Erfahrung, dass auch in Umgebungen, in denen dialektnah gesprochen wird, zum standardnahen Sprachgebrauch gewechselt wird, wenn jemand hinzukommt, der den örtlichen Dialekt nicht versteht, ist eine Alltagsbeobach-

51 „Differenz" soll hier – anders als das Wort „Unterschied" – so verstanden werden, dass (konstruierte) Gruppen innerhalb eines gesellschaftlichen Machtgefüges mit Verweis auf bedeutsam gesetzte Unterschiede so positioniert werden, dass eine Hierarchie zwischen ihnen und anderen markiert bzw. (re-)produziert wird (vgl. u.a. die Beiträge in Diehm et al., 2017).

tung, die prinzipiell den geschilderten Beobachtungen in der Schulklasse entspricht. In dem einen Fall wird mit Mehrsprachigkeit umgegangen, in dem anderen mit dem Dialekt-Standard-Kontinuum in einer Sprache. Allerdings ist die Wahl von sprachlichen Mitteln nicht immer darauf ausgerichtet, andere einzuschließen – die soziale Realität ist komplex.

Der Gebrauch erwartbarer Varianten und Varietäten bestätigt die gegebene (als solche diskursiv konstruierte[52]) Normalität; die Schaffung neuer Normalitäten geht oft mit großen gesellschaftlichen Kämpfen einher – man denke beispielhaft an das Ringen um Frauenrechte – und ist immer auch sprachlich symbolisiert: Wenn wir nur Männlichkeit markierende sprachliche Varianten verwenden (etwa das Wort *Lehrer*), positionieren wir uns anders als bei der Verwendung genderreflexiver Varianten (*Lehrer_innen*) und werden von unserem Gegenüber – bei entsprechender Kenntnis und je nach Haltung – unterschiedlich eingeordnet und positioniert. Variation und ihre Verwendung sind damit symbolträchtig und implizit oder explizit politisch. Es lässt sich die Behauptung aufstellen, dass ein unpolitischer Sprachgebrauch gar nicht möglich ist, weil er immer Varianten von sprachlichen Kontinua markiert, die stets sozial konnotiert sind. Sprechen, so würden Theoretiker_innen der neueren Kulturstudien „Cultural Studies“ (u.a. Hall, 1992; Williams, 1995) schreiben, ist „Artikulation“. Damit meinen sie nicht das Aussprechen von sprachlichen Einheiten, sondern, dass am Sprachgebrauch erkennbar wird, zu welchen sozialen Gruppen die Sprechenden gehören. Bezeichnend ist hierfür ein Falleispiel in einem Artikel von Dirim und Knappik (2014): Ein Schüler aus Deutschland, der ein Wiener Gymnasium besucht, nennt als Lösung einer Übungsaufgabe das Wort *Kartoffel*, welches er der von der Lehrerin zur Verfügung gestellten Vorlage entnommen hatte. Obwohl er die Aufgabe richtig gelöst hatte, weist ihn die Lehrerin auf Folgendes hin: „Das heißt bei uns nicht Kartoffeln. Das heißt ‚Erdäpfel‘“ (Dirim & Knappik, 2014, S. 226, Herv. i. O.). Vor dem Hintergrund dessen, dass das Kind ein Wort verwendet, das in Materialien, die die Lehrerin den Schüler_innen zur Verfügung gestellt hatte, vorkommt, kann gesagt werden, dass die Lehrerin mit dem Hinweis „bei uns“ eine Differenzmarkierung von „Wir“ und „den Anderen“ vornimmt. Über ihre Beweggründe kann nur spekuliert werden. Allerdings kann zwischen ihrer Gruppenangabe „bei uns“ ein Zusammenhang mit der Klage vermutet werden, dass Deutsche den Deutschgebrauch, der in Deutschland üblich sei, nach Österreich einschleppen und damit die Stellung des österreichischen Deutsch schwächen, weil die in Deutschland üblichen Bezeichnungen die österreichischen Pendants verdrängen würden.[53] Ihre Äußerung macht also den Schüler aus Deutschland darauf aufmerksam, dass er sich in Österreich befindet; einem nationalen Kontext, zu dem er als Migrant aus Deutschland nicht gehöre, trotz Anwesenheit in diesem Kontext, und in dem er den Sprachgebrauch der Österreiche-

52 Mit „diskursiv konstruiert“ ist gemeint, dass soziale Realitäten sprachlich entwickelt und vermittelt sind.

53 Der Zeitungsartikel „Der Jugend ist das österreichische Deutsch powidl“ gibt einen guten Eindruck der immer wieder aufflackernden Debatte um die Verdrängung des „österreichischen Deutsch“ durch „das Bundesdeutsche“ (https://www.diepresse.com/1263227/der-jugend-ist-das-osterreichische-deutsch-powidl, Zugriff am 19.02.2021). Auch im wissenschaftlichen Kontext gibt es eine langwährende Auseinandersetzung darum, s. bspw. den neu erschienenen Sammelband von Hägi-Mead und Schweiger (2020).

r_innen zu respektieren und anzuwenden habe. Sie verweist also den Schüler auf den Status der Anderen. Das Problem daran ist, dass das Kind als Reaktion auf seine Wortmeldung im Zusammenhang mit der Variation des Deutschen hört, die ihm – so unsere Lesart – deutlich machen, nicht dazuzugehören bzw. nur in einer Art, in der es sich der Dominanz der legitimen nationalen Gruppe der Österreicher_innen unterzuwerfen habe, um als zugehörig anerkannt zu werden. Zugleich können die Worte der Lehrerin dazu führen, dass ein Teil der Schüler_innen sich mit der Einordnung „bei uns" identifizieren und damit von vornherein zugehörig fühlen kann, womit das Prinzip der Zugehörigkeit nach Abstammung über den Umgang mit Sprache symbolisch gesichert wird. Damit werden die Kinder in „Migrationsandere" und „Nicht-Migrationsandere" (s.o.) eingeteilt.[54]

Sprachliche Varianten können also auf eine solche Art und Weise ins Spiel gebracht werden, dass Beteiligte (symbolisch und/oder körperlich) von einer Gruppe ausgeschlossen oder in eine Gruppe einbezogen werden.

Die Präferenz regionaler Variation, mit der sich der vorliegende Materialband vornehmlich befasst, ist bei gleichzeitiger Verfügbarkeit von standardsprachlichen bzw. -nahen Varianten nicht nur Gewohnheit oder Zwang, sondern auch die Konstitution des geografischen Raums als Ort einer bestimmten Sprecher_innen-Gruppe, wodurch Menschen, die anders sprechen, Ausschlusserfahrungen machen können. Sehr bekannt sind zu diesem Aspekt der Variation die soziologischen Untersuchungen von Bourdieu, der u.a. am Fall eines französischen Politikers, der neben dem Standardfranzösischen auch Patois spricht, zeigt, dass dieser aufgrund der starken sozialen Stigmatisierung, der Nonstandard-Varietäten in Frankreich unterliegen, seine Patois-Kenntnisse versteckt, weil sie ihm beim Erklimmen der Karriereleiter hinderlich sein könnten und sie ihn als Mitglied einer sozial eher unten positionierten gesellschaftlichen Umgebung „enttarnen" würden. Dies könnten seine Gegner_innen einsetzen, um ihn abzuwerten, weshalb sich der Politiker bemüht Standardfranzösisch zu sprechen. Derselbe Politiker setzt allerdings nach Einnahme der gewünschten beruflichen Position das Patois ein, um damit sog. „Volksnähe" zu demonstrieren und sich Wähler_innenstimmen zu sichern (vgl. Bourdieu, 1982/2015). Der Politiker ist also in der Lage, Variation in seinem Sinne, aber auch für seine Zwecke einzusetzen. Dahingestellt, inwieweit die Ergebnisse auch für das heutige Frankreich gelten, machen die Studien von Bourdieu auf den Machtaspekt aufmerksam, der mit der Verwendung sprachlicher Varietäten einhergeht: Um bestimmte soziale Ziele zu erreichen, müssen bestimmte sprachliche Varianten verwendet und sollten andere wiederum nicht verwendet werden. Bourdieu (1982/2015) spricht in diesem Zusammenhang von Sprache als (kulturelles/soziales) Kapital und vom Marktwert der Sprachen auf einem sprachlichen/sozialen Markt. Allerdings können die Ergebnisse der Studien von Bourdieu nicht auf die deutschsprachigen Länder eins-zu-eins übertragen werden und auch nicht auf die „migrationsgesellschaftlichen Sprachverhältnisse" (Dirim, 2016).

54 Es ist anzumerken, dass in Österreich das Wort *Kartoffel* durchaus auch verwendet wird, s. z.B. Elspaß und Möller (2003ff., http://www.atlas-alltagssprache.de/kartoffeln/, Zugriff am 17.07.2020); allerdings existiert die Meinung, dass *Erdapfel* die „eigentlich österreichische" Bezeichnung darstellt.

V.a. im süddeutschen Sprachraum sind Dialektkenntnisse stärker verbreitet und dialektnahe Sprechweisen auch im öffentlichen Raum stärker akzeptiert (vgl. König et al., 2019, S. 134f.) als dies wohl in Frankreich – zumindest in der Zeit der Durchführung der o.g. Studie von Bourdieu – der Fall war. Vorstellungen einer in bestimmten Kontexten „angemessenen" Sprachvariation sind vom gesellschaftlich-historischen Kontext abhängig und auf unterschiedlichen Ebenen (sozial, strukturell, institutionell, politisch usw.) machtvoll wirksam.

Migrationsgesellschaftliche Dialekt-Standard-Kontinua enthalten nicht nur als „native" angesehene Varianten der beteiligten Sprachen, sondern auch zahlreiche Sprachkontaktphänomene (historisch betrachtet bspw. auch schon in der Habsburgermonarchie) und weitere Formen des migrationsbedingten Sprachwandels (vgl. u.a. Riehl, 2014). Ein Beispiel dafür wäre die deutsch-russisch gemischte Abschiedsformel *tschüsik*, die in Deutschland in Umgebungen, die von Migration aus den ehemaligen Sowjetrepubliken und deren Nachfolgestaaten geprägt sind, verwendet wird.[55] Allerdings wird diese durch den Sprachkontakt entstehende Variation des Deutschen sehr unterschiedlich bewertet. Studien dazu zeigen, dass Personen, die das Deutsche nicht als Erstsprache sprechen und durch ihren „ausländischen Akzent" (Mehlhorn, 2019, S. 250) auffallen, häufig als weniger intelligent und auch hinsichtlich der sozialen Kompetenz niedriger eingestuft werden (Dretzke, 2006, S. 133) bzw. stereotype Zuschreibungen zu Sprecher_innen bestimmter sprachlicher Akzente stattfinden (Reinke, 2011, S. 77). Settinieri (2011, S. 72) zeigt mit einer empirischen Studie, dass vor allem Personen mit russischem Akzent im Deutschen negativer bewertet werden als beispielsweise Personen mit französischem Akzent (s. auch Eichinger et al., 2009). Auch in der Studie von Lorenz (2017, S. 168) wurde gezeigt, dass Kinder, denen ein türkischer Familienhintergrund attestiert wird und die mit einem starken „Akzent"[56] Deutsch sprechen, wesentlich geringere Leistungserwartungen bei Lehrkräften im Fach Deutsch hervorrufen.

Biografische Erzählungen von mehrsprachigen Personen verweisen des Weiteren darauf, dass im Zusammenhang mit ihrer Sprachverwendung häufig das Gefühl von Scham auftaucht. Diese kommt auf, „weil man ein ‚falsches' Wort, einen ‚falschen' Ton erwischt hat, mit einem ‚falschen', einem ‚deplatzierten' Akzent spricht" (Busch, 2017, S. 25, Herv. i. O.).

Diese Abwertungen stehen im Zusammenhang mit der ideologischen Überhöhung der National- und Amtssprachen, die mit dem von Holliday geprägten Begriff des „native-speakerism" (2006, S. 385) kritisiert wird. Zwar hat sich Holliday (2006, 2009) damit auf die Hierarchisierung von National- bzw. Amtssprachen wie Britisches Englisch und Indisches Englisch bezogen, aber der Begriff wurde auch auf die Abwertung von migrationssprachlichen Akzenten in Nationalsprachen adaptiert. Im Kern der Vorstellung des „native speaker" steht die Annahme, dass man selbst und

55 S. https://rasik.de/guestbook/index.php?limit=3548&lang=de&xxl=0 (Zugriff am 19.02.2021)

56 Der Begriff „Akzent" ist ambivalent, da mit ihm häufig als „non native" geltende Ausspracheformen einer Sprache negativ markiert werden.

darüber hinaus auch eigene Vorfahren sozusagen in eine Sprache und die damit in Verbindung gebrachte Kultur hineingeboren werden müssen, um als solcher gelten zu können. Das heißt, dass Personen, die eine Sprache später erworben haben oder aufgrund anderer Merkmale (z.B. familiäre, religiöse, herkunftsmodale, äußerliche Merkmale) nicht als legitime „native speaker" zu bewerten wären, keinen Anspruch auf den Besitz einer bestimmten (National-)Sprache (im vorliegenden Fall Deutsch) erheben dürfen (Knappik, 2016; Bonfiglio, 2010) und wohl infolgedessen selbst erheben möchten (Perner, 2015, 2018). Bestimmten Schüler_innen wird somit nicht zugestanden, „native speaker" zu sein, da sie aufgrund ihrer attestierten Herkunft niemals „national origin" sein werden (Khakpour, 2016, S. 213). Durch die Zuschreibung „native speaker" wird eine bereits bestehende dominante Gruppe gestärkt und privilegiert (Thoma, 2016, S. 223f.), die Anspruch auf den Besitz einer (National-)Sprache hat (Khakpour, 2016, S. 216). Dadurch werden in Folge „Wir/Nicht-Wir-Gruppen" (vgl. Mecheril, 2010b) konstruiert. Das Begriffspaar „Wir" und „Nicht-Wir" verweist auf das relationale Verhältnis bzw. die wechselseitige Herstellung der Gruppen „Wir" und „die Anderen". In der Konstruktion des „native speaker" findet also eine Kumulation von Vorstellungen einer Vorherrschaft einer bestimmten ethnischen Gruppe mit einer bestimmten Sprache in einem bestimmten Nationalstaat (und sogar über Nationalstaaten hinaus, wie Holliday, 2006, 2009 zeigt) statt. Die soziale Bedeutung der Überhöhung des „native speaker", der weiterhin als Ideal des Sprachenlernens gilt, wird oftmals noch zu wenig berücksichtigt, obwohl eine Reihe von Abwertungen und Diskriminierungen von Menschen damit verbunden ist.

5.3 Variation, Migration und Zugehörigkeit im schulischen Kontext

Die Herstellung von Zugehörigkeit über das Differenzmerkmal Sprache kann im schulischen Kontext auf unterschiedliche Art und Weise geschehen. Die oben dargestellten Fallbeispiele aus der Literatur (Einbezug der gesamten Klasse, wenn nötig, durch Wechsel zur deutschen Sprache während der bilingualen Gruppenarbeit in einer Hamburger Schulklasse, und Verwendung des Wortes Kartoffel in einem Wiener Klassenzimmer, womit eine Bezugnahme auf nationale Zugehörigkeitskonstrukte ausgelöst wird) zeigen Facetten dessen. Weitere Fallbeispiele werden in der Literatur geschildert und zeigen andere Facetten zugehörigkeitsbezogenen Umgangs mit Sprachen.[57] Diese einzeln darzustellen, würde den Rahmen des vorliegenden Bandes sprengen und würden der prinzipiellen Beobachtung, dass Sprache auch immer eine zugehörigkeitsbezogene Komponente besitzt, nichts Neues beitragen, daher wird im Folgenden darauf verzichtet. Dennoch soll festgehalten sein, dass systematische Analysen ausstehen.

57 Eine systematische Analyse von schulischen Interaktionen im Hinblick auf Zugehörigkeitskonstruktionen leistet die Studie von Anna Schnitzer (2017), die in einer französisch-deutsch bilingualen Schule durchgeführt wurde. Schnitzer (a.a.O.) zeigt darin, dass bei schulischen Aktivitäten wie Fußballspielen die Schüler_innen nach ihren Sprachen (in Teams) eingeordnet wurden, auch wenn diese prinzipiell nichts mit einer bestimmten Sprache zu tun hatten.

Da symbolische (und/oder faktische) Ein- und Ausschlüsse für die adressieren Schüler_innen Folgen haben werden, wird davon ausgegangen, dass ein reflektierter Umgang mit sprachlicher Variation durch Lehrkräfte sinnvoll sein wird. Dabei sollte es u.E. vor allem darum gehen, erstens symbolischen Abwertungen entgegenzuwirken und zweitens darauf zu achten, Variation bewusst einzusetzen, sodass der Unterricht allen zugänglich ist. Symbolischen Abwertungen entgegenzutreten wird vermutlich nicht immer möglich sein, wie das folgende Zitat aus einem Interview mit einer Lehrkraft des „Muttersprachlichen Unterrichts" in Österreich hervorgeht:

> „Ja dann hab ich gesagt und wenn ihr miteinander sprecht dann braucht ihr nicht so schreien, dann redet einfach normal oder (.) muss nicht jeder wissen welche Sprache dass ihr sprecht (.) und wenn einer fragt, dann sprecht ihr Englisch (.) ja muss man einfach die Kinder schlau machen, weil wenn so was vorkommt es ist schwierig, was soll man da sagen, ich kann jetzt auch nicht diesen die Schulleitung komplett untergraben hab ich dann wenig Effekt erzielt".[58]

Die Lehrkraft beschreibt, welche Handlungsempfehlung sie Schüler_innen gibt, die im Rahmen von „Deutschgeboten" auf dem Schulhof während der Pause unbeabsichtigt eine ihrer Familiensprachen verwenden und dabei von der Aufsicht „erwischt" werden. Die Empfehlung der Lehrerin ist vielleicht geeignet, zu erreichen, dass die Schüler_innen nicht gerügt werden, aber nicht dazu geeignet, die Problematik der Illegitimierung von Migrationssprachen und damit verbundenen Erfahrungen von „Andersheit" und „Nicht-Zugehörigkeit", der Bildung von „Wir- und Nicht-Wir-Gruppen" zu lösen. Letztlich bestätigt die Empfehlung der Lehrkraft die Rolle des Einsatzes des Deutschen in Österreich zur symbolischen Sicherung des nationalen Raums nach innen hin. Was können Folgen dieser und ähnlicher Ausgrenzungen über Relevantsetzung von sprachlichen Merkmalen für die Ausgegrenzten sein? Mecheril befürchtet mit Bezug auf Deutschland und generelle Ausgrenzungen mit Verweis auf natio-ethno-kulturelle Differenzen die Entwicklung eines „Ausländerhabitus" (Mecheril, 2005, S. 137) der auch für Österreich vermutet werden kann, zumal es sich um einen Deutschland stark ähnelnden nationalen Kontext handelt, der sich symbolisch – trotz gegebener allochthoner und autochthoner Mehrsprachigkeit – über die Vorrangstellung der deutschen Sprache konstituiert.

> Zugehörigkeit und Nicht-Zugehörigkeit hinterlassen Spuren, die Andere als Andere anzeigen. Der Status prekärer Zugehörigkeiten artikuliert sich in Gesten, Gedanken, Körpern, Sehnsüchten und Ängsten. Diese Sichtbarkeit der (natio-ethno kulturell) Anderen verkörpert sich im »Ausländerhabitus« […]. Das Ausländer-Sein ist ein Leitthema der generativen und performativen Habitusstruktur von Migranten in Deutschland. Der Ausländerhabitus ist eine paradoxe Erscheinung, denn er zeigt das Scheitern dessen an, worauf er abzielt: das Heimisch-Werden in einem sozialen Feld. Der Ausländerhabitus verkörpert die Diskrepanz zwischen Habitus und Habitat. Er ist die Verkörperung des Unsouveränen,

58 Bislang unveröffentlichter Interview-Auszug aus einem Projekt zur Situation des Muttersprachlichen Unterrichts in Österreich, 2015–2016, Kooperation İnci Dirim (Universität Wien) und Marion Döll (PH Oberösterreich).

> einzig und allein von Mangel, Abwesenheit und Fehlern hervorgebracht. [...] Die in der natio-ethno-kulturellen Unzugehörigkeit angezeigte Unbewohnbarkeit der Welt wird von den anderen bewohnt. Dies ist die Grundspannung des Ausländerhabitus: Er ist eine Meisterschaft des Ungelenken, eine Geübtheit der Unroutiniertheit und die Vollkommenheit des Linkischen. Die Verkörperung des Prekären macht die Anderen als Andere erkenntlich, und einmal erkannt, entwickeln sie habituelle Disponiertheiten, die den Erkennensprozess beglaubigen (ebd., Herv. i. O.).

Inwieweit diese Befürchtungen eingetreten sind und weiterhin eintreten, lässt sich im Rahmen der vorliegenden Publikation nicht prüfen. Auch lässt sich nicht prüfen, ob Abwertungen des dialektalen Sprechens und Erwartungen der Verwendung von bildungssprachlichem Deutsch im schulischen Kontext zu vergleichbaren Ausschlusserfahrungen wie im Spannungsfeld von Deutsch und Migrationssprachen führen kann. Da allerdings die Variation des Deutschen Teil der dominanten Amtssprache ist, lässt sich vermuten, dass die Differenzerfahrung im Falle eines unzulässigen Gebrauchs dialektnaher Variation weniger inferiorisierend sein wird. Die Zeilen Mecherils können als Anmahnung verstanden werden, dass darauf geachtet werden muss, dass Schüler_innen nicht über sprachbezogene (und andere) gesellschaftliche Differenzsetzungen Ausschlusserfahrungen machen. Fest steht in jedem Fall, dass gesellschaftliche Differenzlinien, auch sprachliche, in den Schulkontext hineinwirken und es für einzelne Lehrkräfte nicht „einfach" möglich ist, ihre Effekte – im Sinne der Schüler_innen – abzuwehren. Gesellschaftliche Differenzverhältnisse, die sich auch über Relevantsetzung von Sprachen und sprachlicher Variation konstituieren, bedeuten für Lehrkräfte professionelles Handeln in Spanungszuständen. Diesen Spannungszuständen sind die Lehrkräfte allerdings nicht zur Gänze unterworfen. Im Umgang mit migrationsgesellschaftlicher sprachlicher Variation gibt es Möglichkeiten und Spielräume, die sie nutzen können, wie aus dem folgenden Transkript einer Unterrichtssequenz, in der eine Lehrerin in Österreich die übliche Routine des dialektnahen Unterrichtsvortrags unterbricht, um das Gesagte anwesenden Schüler_innen, die sich in der Phase der Aneignung des Deutschen befinden, zugänglich zu machen, hervorgeht:

01	Lehrkraft:	ein exKURS in die vergangenheit.
		Ein Exkurs in die Vergangenheit.
02		vor VIELen, VIELen jahren,
		Vor vielen, vielen Jahren,
		(…)
03		KURZ nåch da steinzeit, | håt_s amoi
04		SCHILling gem, | genau.
		Kurz nach der Steinzeit, | hat es einmal
		Schilling gegeben, | genau.
05	S_S	((lachen))
06	Lehrkraft:	und ein netter, attraktiver, älterer
07		HERR, | der herr karl LANDsteiner, |
08		ah woa wesentlich beteiligt an der
09		BLUTgruppenerforschung.
		Und ein netter, attraktiver, älterer
		Herr, | der Herr Karl Landsteiner, |
		ah war wesentlich beteiligt an der
		Blutgruppenerforschung.
10		und er woa **österreichER**, | und zu MEInen
11		zeiten, | wo I nu jugendlich und jung und
12		attraktiv woa, | do woa_ra auf DA, | oiso
13		auf_m tausendSCHILlingschein abgebildet.
		Und er war Österreicher, | und zu meinen
		Zeiten, |wo ich noch jugendlich und jung
		und attraktiv war, | da war er auf der,
		| also auf dem Tausendschillingschein
		abgebildet.
14		do siagt ma mit_m mikroSKOP //
		Da sieht man mit dem Mikroskop //
15	Jakob:	håt_s då nu SCHILling gem?
		Hat es da noch Schilling gegeben?
16	Lehrkraft:	jå, | då håt_s nu SCHILling gem.
		Ja, | da hat es noch Schilling gegeben.
		(…)
17		(…) ((an schülerinnen mit ao-status
18		gerichtet)): wisst IHR, | was SCHILling
19		sind?
20		früher hat es bei uns in **ÖSterreich** statt
21		euros schilling gegeben, | das war eine
22		ANdere währung (---) | und dann sind
23		wir bei der EU beigetreten | und der
24		WÄHrungsunion | und dann ist der EUro
25		eingeführt worden.
26		und als ICH noch kleiner war, | und
27		JÜNger, | hatten WIR den (.) | schilling
28		(---) | und der MANN, | der bei der
29		BLUTgruppenforschung mitgewirkt hat,
30		| der war auf den tausendEUro ah
31		tausenSCHILlingschein (.) | ABgebildet.
32		Tausend Schilling sind wie viele Euro?
33		((lauter, richtet sich wieder an die
34		gesamte Klasse))

(2017 erhoben von Hanna Grabenberger)

Das hier angeführte Beispiel zeigt eine weitere Sequenz der Unterrichtsstunde, die bereits aus Abschnitt 4.3, Beispiel (7) bekannt ist. Unterrichtsthema ist „Blutgruppen", dieses versucht die beobachtete Lehrkraft den

Schüler_innen auf eine humorvolle Art und Weise zu vermitteln. Dabei kommt sie auf den vor der Einführung des Euro in Österreich gültigen 1000-Schilling-Schein zu sprechen, auf dem der Entdecker der Blutgruppen abgebildet war. Bis Z 17 spricht sie die Schüler_innen mit einer dialektnahen Sprachweise an. Die Einträge 17 bis 31 dokumentieren, dass sie sich an die Schüler_innen mit Deutsch als Zweitsprache wendet, um sie mit einem standardnahen Sprechen über das Thema zu informieren und damit zu sichern, dass sie es verstehen. Es könnte nun bemängelt werden, dass diese Verständnissicherung eher unsystematisch stattzufinden scheint, was an der Ansprache *wisst ihr* in Z 18 deutlich wird. Außerdem wird sichtbar, dass sie sich an die Schülerinnen wendet, weil sie vermutet, dass diese die Währung „Schilling" nicht kennen. Es bleibt zu hoffen, dass es ihr bewusst ist, dass es auch bei anderen Themen wichtig wäre, zu sichern, dass die betroffenen Schüler_innen sprachlich „mitkommen", und zwar so, dass diese nicht als „unwissend" verbesondert werden. Abgesehen von diesen Zweifeln der Angemessenheit bzw. der Qualität des sprachbezogenen Handelns der Lehrerin macht die kurze Sequenz deutlich, dass ihre Handlung u.E. nicht so sehr die Sicherung des Verstehens des Unterrichtsthemas durch die Schülerinnen intendiert, sondern eher einen Versuch darstellt, sie in den humorvoll vorgetragenen Exkurs einzubeziehen. Deutlich wird, dass die Lehrerin ein Bewusstsein besitzt, dass es zum peinlichen Ausgeschlossensein führen könnte, wenn Humor nicht verstanden wird, und dem mit der Änderung ihrer Variantenwahl entgegenwirken möchte.

Für eine professionelle Umgangsweise mit Variation im Unterricht wäre mehr als eine spontane „Übersetzung" zwischen den Varianten vonnöten, mit der nicht nur die Wissensaneignung von Schüler_innen erleichtert würde, sondern auch erreicht werden könnte, dass keine Ausschlusserfahrungen stattfinden. Die obige Sequenz zeigt, dass auch bei ungünstigen Rahmenbedingungen Spielräume genutzt werden können, positive Zugehörigkeitserfahrungen des Einbezogenseins zu ermöglichen. Fehlt jedoch im Unterricht eine bewusste Auseinandersetzung mit der deutschen Bildungssprache und ist der Unterricht zusätzlich dialektnah gestaltet, so könnte vermutet werden, dass Schüler_innen, die sich erst im Aneignungsprozess der deutschen Sprache befinden, einer doppelten Benachteiligung ausgesetzt sind: Einerseits begegnen sie der Herausforderung, mit sprachlicher Variation im Unterricht umgehen zu müssen, andererseits sind sie mit nur geringer Unterstützung im Bereich der Bildungssprache konfrontiert. Es handelt sich um ein kritisches Spannungsverhältnis, in dem sich Lernende sowie auch Lehrkräfte zurechtfinden müssen. Quehl und Mecheril machen darauf aufmerksam, dass der schulische Fokus auf die Bildungssprache Deutsch und der damit einhergehenden Voraussetzung, diese zu beherrschen, die Bildungssprache als einzige legitime Variante der legitimen Sprache Deutsch konstituiert, was Zugehörigkeitserfahrungen nach sich zieht (Quehl & Mecheril 2015, S. 170). Die obigen Daten zeigen, dass die Situation an zahlreichen Schulen noch komplizierter zu sein scheint, weil der Dialekt zwar vielleicht nicht als Bildungssprache anerkannt ist, aber eine de facto-Legitimität besitzt und damit die Schüler_innen mit Deutsch als Zweitsprache, sowohl die Bildungssprache Deutsch als auch das verwendete Dialekt-Standard-Kontinuum kennen müssen, um dem Unterricht folgen zu können. Es ist fraglich, ob die Deutschförderung diese Situation des Lernens im Dialekt-Standard-Kontinuum des Deutschen ausreichend berücksichtigt. Die Bildungspolitik, Wissenschaftler_innen und Lehrkräfte sind somit angehalten, „nach Wegen zu suchen, Formen lingualer Herrschaft im Unterricht zu reduzieren“ (Quehl & Mecheril, 2015, S. 171).

6. Unterrichtsprinzip kritisch-reflexiver Variationsgebrauch: Diagnosebasierte sprachliche Bildung im Kontext von Variation und Zweitspracherwerb

Im Schulalltag treffen Schüler_innen auf eine große sprachliche Vielfalt. Auf dem Schulhof und in den Unterrichtsräumen werden nicht nur verschiedene Sprachen gesprochen, sondern auch verschiedene Varietäten dieser Sprachen verwendet (s. Kapitel 4). In den sog. deutschsprachigen Ländern, deren Bildungssysteme überwiegend einsprachig deutsch organisiert sind, ist es für Bildungserfolg entscheidend, fach- und v.a. bildungssprachliche Register des Deutschen zu beherrschen. Der Erwerb des zentralen Registers „Bildungssprache" (Gogolin et al., 2011a) vollzieht sich bei Schüler_innen ausgehend von einer individuellen Disposition, die durch den Gebrauch verschiedener Sprachen und Varietäten gekennzeichnet sein kann. Jede_r Schüler_in verfügt daher über eine ihm_ihr eigene Distanz zur Bildungssprache des Deutschen, die im Zuge von Bildungsprozessen zu reduzieren ist. Die in Kapitel 4 ausführlich diskutierten Beispiele machen jedoch deutlich, dass neben dem bildungssprachlichen Register auch die Fähigkeit, eher dialektnahe Sprechweisen verstehen zu können, für Bildungserfolg relevant sein können. Der folgende Ausschnitt aus Gesprächsdaten (Fallbeispiel 1)[59], die Kevin R. Perner im Rahmen seines Dissertationsprojekts in Oberösterreich (Mühlviertel) erhoben hat, zeigt ein intensives Bemühen eines Lehrausbilders einem Auszubildenden, der erst über eine kurze Kontaktdauer zum Deutschen verfügt, die im vorliegenden Fall im Berufsalltag offensichtlich übliche dialektale Bezeichnung eines „geschnittenen Dachziegels" zu vermitteln:

Fallbeispiel 1: Ausbildung in der Dachdeckerei

```
01  Ausbilder:          wenn ich SAge, (-)
02                      a GESCH a GSCHNEna. (-)
                        ein gesch ein geschnittener
03  Auszubildender:     aha, (.)
04  Ausbilder:          WEISST du. das is diaLEKT. (.)
05  Auszubildender:     geSCHNITtene? (.)
06  Ausbilder:          geSCHNITtenen; (-)
07                      sag ICH - (-)
08                      an GSCHNEna. (.)
                        einen geschnittenen
09  Auszubildender:     GSCHNEda. ha ha. (---)
10  Ausbilder:          so und JIAT; (.)
                        so und jetzt;
11                      WIA såg i?
                        wie sage ich?
12                      GEHT das? (-)
13  Auszubildender:     GSCHNEda; oder? (.)
```

59 Leider konnten nicht alle Feinheiten des Originaltranskripts berücksichtigt werden. Die Transkription orientiert sich an den in Abschnitt 4.1 ausgewiesenen Regeln.

```
14 Ausbilder:          GSCHNEna. (.)
                       geschnittener / geschnittenen
15 Auszubildender:     GSCHNEna.
                       ((übergibt Dachziegel))
16                     GSCHNEna bisschen schwierigkeit.
```

Dass der Lehrausbilder den „Gschnena" thematisiert und damit verbunden eine explizite sprachliche Lerngelegenheit schafft, kann darauf zurückgeführt werden, dass rezeptive dialektale Kenntnisse für flüssige Arbeitsabläufe auf dem Dachstuhl notwendig sind. Der gemeinsame Handlungszusammenhang erfordert eine reibungslose Verständigung im Dialekt-Standard-Kontinuum, die der Ausbilder versucht herbeizuführen, indem er dem Auszubildenden dialektale Pendants zu standardsprachlichen Begriffen vermittelt, die der Auszubildende aus der Berufsschule kennt.[60] Da ein durchschnittlicher Schulalltag nur vergleichsweise wenige gemeinsame Handlungszusammenhänge zwischen einzelnen Lernenden und Lehrenden umfasst, kann davon ausgegangen werden, dass Verständnisschwierigkeiten im gesamten Dialekt-Standard-Kontinuum dort häufig unentdeckt bleiben. Während für das Verständnis und den Erwerb des bildungssprachlichen Registers in den vergangenen Jahren in großer Zahl Modelle und Konzepte entwickelt wurden, steckt die Auseinandersetzung mit der Bedeutung eher dialektaler Sprechweisen im Unterricht, zumal im Kontext von Zwei- und Mehrsprachigkeit, noch in den Kinderschuhen. Ausgehend von etablierten Konzepten zum Umgang mit Bildungssprache wird in diesem Kapitel gezeigt, wie auch eher dialektale Sprechweisen im Unterricht Berücksichtigung finden können.

6.1 Bildungssprache, Sprachbildung und Sprachbewusstheit

In den vergangenen Jahren sind, mit dem Ziel sprachbezogene Bildungsbenachteiligungen zu reduzieren, verschiedene Modelle und Konzepte sprachlicher Bildung entwickelt worden, auf die nicht alle im gebührenden Detail eingegangen werden kann. Wegweisend für die Entwicklungen der letzten Jahre war zweifelsohne das auf der Mesoebene des Bildungssystems (Schulstandort) angesiedelte Konzept „Durchgängige Sprachbildung" (Lange & Gogolin, 2010), das verdeutlichte, dass Sprachbildung eine Aufgabe in allen Klassenstufen und für alle Unterrichtsfächer ist. Für die Mikroebene (Unterricht, Interaktion zwischen Schüler_innen und Lehrkräften) wurden in großer Zahl Methodensammlungen für das sprachsensible Unterrichten (z.B. Leisen, 2010) publiziert und in Lehr- und Fortbildungsveranstaltungen disseminiert. In diesen Publikationen wird in der Regel der Frage nachgegangen, wie Schüler_innen zu einem Deutschgebrauch verholfen werden kann, der als notwendig erachtet wird – wobei häufig unklar bleibt, warum welche Formen wann als angemessen gelten und andere nicht. Tajmel (2017) argumentiert, dass es nicht ausreicht, das sprachliche Lernen der Schüler_innen zu fokussieren, sondern dass v.a. auch die

60 Alternativ wäre auch die konsequente Verwendung einer standardnäheren Sprechweise im Betrieb möglich.

sie unterrichtenden Lehrkräfte über Sprachbewusstheit verfügen sollten. Am Ansatz der „critical language awareness“ (Fairclough, 1992) anknüpfend, entwickelt Tajmel (2017, S. 265–269) ein Modell „kritisch-reflexiver Sprachbewusstheit von Lehrenden“, das neben linguistischen Aspekten auch rechtliche, soziologische und machtkritische Aspekte von Sprachbewusstheit umfasst (s. Abbildung 4). Dabei wird deutlich:

> Schule und Unterricht werden nicht nur als Orte des Lehrens und Lernens, sondern vielmehr als soziale Felder verstanden. Damit berücksichtigt das Konzept neben den pädagogisch-didaktischen Aspekten von Sprachbildung auch die hegemonialen Aspekte, welche insbesondere im Zusammenhang mit Bildungsdisparitäten und Diskriminierung bzw. Benachteiligung im Zugang von Bildung von Bedeutung sind. (Tajmel & Hägi-Mead, 2017, S. 11)

Kritisch-sprachbewusst zu sein bedeutet daher v.a. das Selektionspotential sprachlicher Normen zu reflektieren (Tajmel & Hägi-Mead, 2017, S. 10; siehe auch Beispiele 5 und 7 in Kapitel 4).

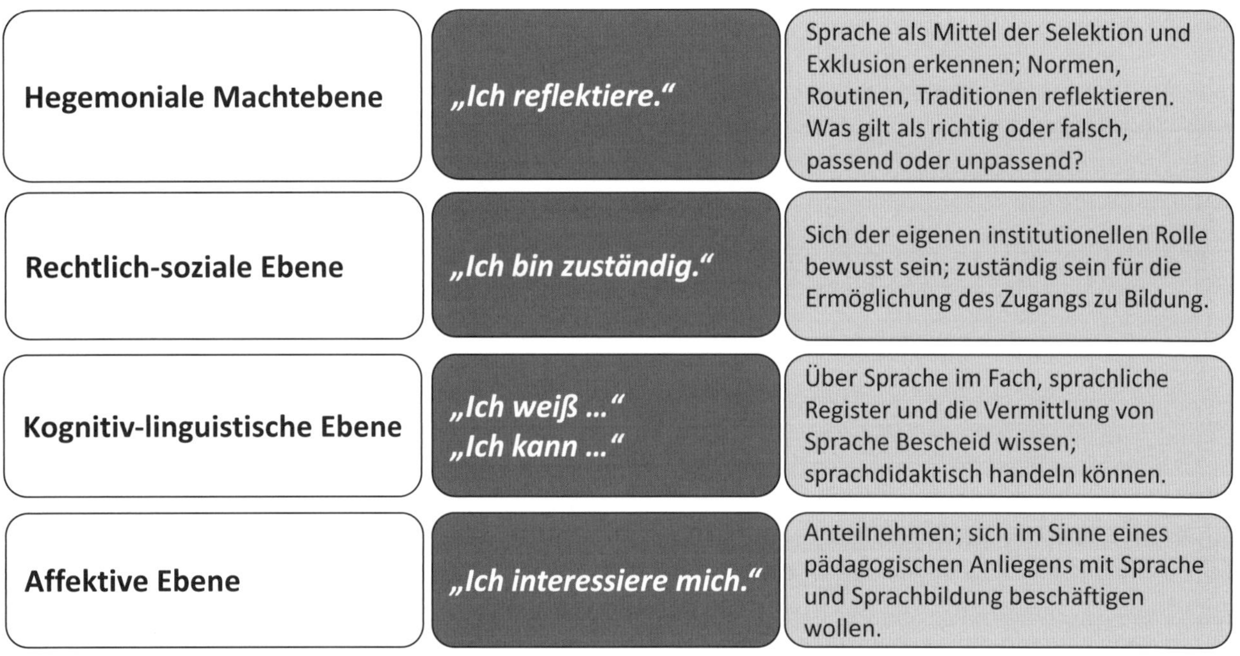

Abbildung 4: Modell der kritisch-reflexiven Sprachbewusstheit von Lehrenden im Kontext von Fachunterricht (Tajmel, 2017; Tajmel & Hägi-Mead, 2017, S. 11)

Tajmels Modell und die darauf aufbauenden Methoden für die sprachbewusste Unterrichtplanung (Tajmel & Hägi-Mead, 2017, S. 73ff.) sind im Kontext des Diskurses zum schulischen Umgang mit aus Migrationsprozessen resultierender Mehrsprachigkeit entstanden, sie können aber auch auf den Umgang mit sprachlicher Variation im Dialekt-Standard-Kontinuum angewendet werden. Da es – wie in den vorangegangenen Kapiteln gezeigt werden konnte – zur Unterrichtsrealität gehört, dass das Lernen und Lehren nicht nur im standard- und bildungssprachlichen Register des Deutschen stattfinden, erscheint es dringend notwendig, die bestehenden Konzeptionalisierungen um den Umgang mit dem Dialekt-Standard-Kontinuum (des Deutschen) zu erweitern. Vielmehr gehen wir davon aus, dass die alleinige Konzentration auf das (standardsprachliche) Register der Bildungssprache für die Sicherung der problemlosen sprachlichen Teilhabe von Schüler_innen am Unterricht zahlreicher Klassen in den deutschsprachigen Ländern nicht ausreichend ist. Gerade wenn Schüler_innen sich in der Phase der intensiven Aneignung des Deutschen befinden, werden sie durch fehlende Unterstützung im Umgang mit dem dominierenden Dialekt-Standard-Kontinuum des Deutschen benachteiligt und damit – sicherlich unbeabsichtigt – diskriminiert. Unser Ziel ist, Lehrkräfte dabei zu unterstützen, dass sie der Gefahr dieser Diskriminierung mit einem entsprechenden Unterrichtszugang vorbeugen und zu einer das Dialekt-Standard-Kontinuum einbeziehenden sprachlichen Bildung der Schüler_innen beitragen. Im Folgenden stellen wir Tajmels Modell, das sich in vier Ebenen (s. Abbildung 4) gliedert, vor, erweitern es explizit um variationsbezogene Aspekte und stellen damit das „Unterrichtsprinzip kritisch-reflexiver Variationsgebrauch“ vor (zusammenfassende Darstellung s. Tabelle 1). Es zeigt auf, wie ein pragmatischer, nicht diskriminierender Umgang mit Variation gestaltet werden kann, der einen Zugang zu Bildung und sprachlicher Variation ermöglicht.

Affektive Ebene: Das Konzept der kritisch-reflexiven Sprachbewusstheit grenzt sich deutlich von Ansätzen ab, die Sprachbewusstheit naiv auf „Freude an Sprache“ reduzieren. Stattdessen geht es vielmehr darum, dass Lehrkräfte Sprachen ein professionsbezogenes Interesse entgegenbringen, also bereit sind, sich im Sinne pädagogischer Anliegen (z.B. Aufbau von Fachwissen und Erweiterung von Kompetenzen der Schüler_innen im Fachunterricht) mit Sprache auseinandersetzen zu wollen (Tajmel, 2017, S. 266). Im Rahmen des „Unterrichtsprinzips kritisch-reflexiver Variationsgebrauch“ bedeutet dies, das Sich-Auseinandersetzenwollen auch explizit auf Variation zu beziehen.

Kognitiv-linguistische Ebene: Unter der kognitiv-linguistischen Dimension von Sprachbewusstheit wird in den traditionellen „language awareness-Ansätzen“ üblicherweise metalinguistisches Wissen (Muster, Kontraste usw.) verstanden. Aus dominanzkritischer Perspektive ist dieses um die Facette des variations- und soziolinguistischen Wissens zu ergänzen. Für die Entwicklung einer kritisch-reflexiven Sprachbewusstheit ist daher Wissen über die Situationsabhängigkeit von Sprachverwendung und die Funktionen von Varietäten im Dialekt-Standard-Kontinuum notwendig (Tajmel, 2017, S. 267). Darüber hinaus fordert Tajmel „Wissen zur Differenzierung fachlicher und sprachlicher Lernziele“ sowie sprachdidaktisches und sprachdiagnostisches Wissen (ebd.). Für das „Unterrichtsprinzip kritisch-reflexiver Variationsgebrauch“ konkretisiert bedeutet das, dass Lehrkräfte über variationslinguistisches Grundlagenwissen verfügen, die Rolle der Varietäten beim Lehren und Lernen erkennen und die sozialen Funktionen von Varietäten kennen, auch im Hinblick auf Variation fachliche und sprachliche Lernziele differenzieren können, im Rahmen von Sprachdiagnosen reflektiert mit Variation umgehen und didaktische Modelle und Konzepte zum Umgang mit sprachlicher Variation kennen und verwenden können.

Rechtlich-soziale Ebene: Auf rechtlich-sozialer Ebene bedeutet kritisch-reflexive Sprachbewusstheit, dass Lehrkräfte die sozialen Rollen im Sozialraum Schule reflektieren. Die Schüler_innen betreten diesen Raum mit einem Recht auf Bildung – die Lehrkräfte auf der anderen Seite betreten ihn mit der Verpflichtung Zugang zu Bildung in ihrem Unterricht nach Möglichkeit diskriminierungsfrei zu gestalten, um das Recht auf Bildung zu wahren (ebd.). Dabei sollten sich kritisch-sprachbewusste Lehrkräfte „dem [im Rahmen des konkreten Unterrichts] diskriminierungsfreien Bildungszugang der Schüler_innen gegenüber verpflichteter [...] fühlen als der Tradierung fachlicher und fachkultureller Normen" (ebd.). Dasselbe gilt auch für den Umgang mit sprachlicher Variation: Es ist sicherzustellen, dass der Gebrauch von Standard- und Nonstandardvariation aufseiten der Lehrkraft den Bildungszugang der Schüler_innen nicht behindert; demgegenüber sollte der Gebrauch von Nonstandardvariation durch die Schüler_innen nicht unreflektiert zur Abwertung fachlicher Leistungen durch die Lehrkräfte führen. Vielmehr gilt es im „Unterrichtsprinzip kritisch-reflexiver Variationsgebrauch", die Schüler_innen zu den in bestimmten Situationen erwünschten bzw. angestrebten Varietäten hinzuführen, bevor deren Verwendung bewertungsrelevant gemacht wird.

Hegemoniale Machtebene: Die vierte Ebene des Modells kritisch-reflexiver Sprachbewusstheit hebt hervor, dass Lehrkräfte über Wissen über gesellschaftliche, schulische sowie fachkulturelle Machtverhältnisse und deren Reproduktion verfügen sollten. Damit verbunden ist das Wissen, dass Sprache bzw. sprachliche Normen eine Form formalisierter Macht darstellen, die reflektiert werden muss, um der Herstellung von sprachlichen bzw. sprachbezogenen Differenzen, die als Exklusions- und Selektionsmechanismen wirksam werden können, entgegenzuwirken (Tajmel, 2017, S. 267ff.). Das „Unterrichtsprinzip kritisch-reflexiver Variationsgebrauch" stellt daran anknüpfend das Wissen über hegemoniale Verhältnisse im Zusammenhang mit Variationsgebrauch und die Reflexion des Exklusions- und Selektionspotentials des Gebrauchs verschiedener Varietäten in den Vordergrund.

Tabelle 1: Modell des kritisch-reflexiven Variationsgebrauchs (angelehnt an Tajmel, 2017)

Ebene	Deskription
affektive Ebene	sich kritisch mit Sprache und Variationsgebrauch auseinandersetzen
kognitiv-linguistische Ebene	über variations- und soziolinguistisches Grundlagenwissen verfügen; die sozialen Funktionen von Variation kennen; im Hinblick auf Variation fachliche und sprachliche Lernziele differenzieren; bei Sprachdiagnosen reflektiert mit Variation umgehen; didaktische Modelle und Konzepte zum Umgang mit sprachlicher Variation kennen und verwenden
rechtlich-soziale Ebene	Recht der Schüler_innen auf Zugang zu Bildung wahren; den Zugang zu Bildung über die Tradierung fachlicher und fachkultureller Normen stellen; sicherstellen, dass der Standard- und Nonstandardgebrauch den Bildungszugang der Schüler_innen nicht behindert und Nonstandardgebrauch nicht per se zu einer Abwertung sprachlicher Leistungen führen darf
hegemoniale Machtebene	Wissen über hegemoniale Verhältnisse im Zusammenhang mit Variationsgebrauch; Reflexion des Exklusions- und Selektionspotentials des Gebrauchs verschiedener Varietäten im Sozialraum Schule

6.2 Diagnosebasierte Sprachbildungsplanung im Kontext von Variation und Zweitspracherwerb

Als Lesende_r dieses FörMig-Materialbandes verfügen Sie bereits über die affektiven Voraussetzungen für das „Unterrichtsprinzip kritisch-reflexiver Variationsgebrauch". Im Folgenden wird entlang von bewährten Methoden und Modellen der sprachbewussten Unterrichtsplanung gezeigt, wie sich kognitiv-linguistische, didaktisch-fachliche, rechtlich-soziale und machtkritische Aspekte des Prinzips bei der Konzipierung und Realisierung von Unterricht berücksichtigen lassen. Als Rahmen hierfür dient das Modell der kollegialen Sprachbildungsplanung, das die „AG Praxishilfe Niveaubeschreibungen DaZ" ausgearbeitet hat (Döll & Saalmann, 2021). Das Modell beschreibt die Sprachbildung in fünf Schritten:

1) Festlegung von Zuständigkeiten in der kollegialen Sprachbildungsarbeit
2) Diagnose vorhandener sprachlicher Fähigkeiten
3) Festlegung individueller Sprachbildungsziele
4) Unterrichtsplanung unter Zuhilfenahme bewährter Instrumente, wie z.B. Planungsrahmen und Konkretisierungsraster (Tajmel & Hägi-Mead, 2017)
5) Umsetzung der geplanten Lernarrangements

6.2.1 Kollegiale Sprachbildungsarbeit

Sprachbildungsarbeit im Sinne einer Durchgängigen Sprachbildung (Lange & Gogolin, 2010; Gogolin et al., 2011a) ist eine Aufgabe für das gesamte Schulkollegium. Soll die sprachliche Bildung an einem Schulstandort diagnosebasiert stattfinden, sind im Kollegium zunächst einmal die Zuständigkeiten Einzelner im Hinblick auf Diagnostik und Sprachbildung und -förderung auszuhandeln und festzuhalten. Es ist zu vereinbaren, in welchem Umfang und ggf. in welchen Unterrichtsfächern sprachliche Fähigkeiten von Schüler_innen diagnostiziert werden, wobei die sprachdiagnostischen Kompetenzen der verschiedenen Lehrkräfte zu berücksichtigen sind und im Falle von sprachdiagnostischen Beobachtungen bedacht werden muss, dass verschiedene Unterrichtsfächer und -themen in unterschiedlichem Maß geeignet sind, Sprachdiagnosen durchzuführen.

Als strukturierender Rahmen für die Klärung von Zuständigkeiten in der Sprachbildung und -förderung eignet sich das Vier-Quadranten-Modell der Aufgabenbereiche sprachlicher Bildung (s. Abbildung 5). Es stellt einerseits die beiden zentralen Handlungsfelder der schulischen sprachlichen Bildung, d.h. die explizite Deutschförderung und den sprachbewussten Fachunterricht, einander gegenüber (vertikale Achse) und schlägt andererseits eine Unterscheidung zwischen sprachlichen Phänomenen, die einer Erwerbsprogression folgend erworben werden (s.u.), und solchen, die keiner Erwerbsprogression folgen, vor (horizontale Achse). Der DaZ-Unterricht ist im Modell als Ort der expliziten Vermittlung sprachlicher Phänomene und Strukturen zu verstehen, der sprachbewusste Fachunterricht als Ort, an dem Spracherwerbsprozesse im Vollzug des inhaltlichen Lernens unterstützt und Aneignungsstände im Lernprozess und bei der Beurteilung von fachlichen Leistungen berücksichtigt werden. Im Rahmen der Festlegung von Zuständigkeiten in der Sprachbildung und -förderung können die im diagnostischen Instrument (Niveaubeschreibungen DaZ, USB DaZ o.ä.) verwendeten Indikatoren in den vier Quadranten verortet und um sprachliche Bildungsbereiche, die nicht als Indikatoren verwendet werden, ergänzt werden.[61] Die (Zweit-)Spracherwerbsforschung hat für etliche sprachliche Phänomene Erwerbsreihenfolgen feststellen können, die sich bei Lernenden unabhängig von ihrer Sprachbiografie beobachten lassen, z.B. für die Aneignung der Verbstellung im deutschen Aussagesatz. Andererseits gibt es Phänomene, für die keine Erwerbsreihenfolgen sichtbar werden. Diese eignen sich nicht als Indikatoren für die Feststellung sprachlicher Fähigkeiten, sind für das sprachliche Handeln jedoch bedeutsam (Döll, 2012). Um zu verhindern, dass in der sprachlichen Bildung ausschließlich an den Indikatoren gearbeitet wird, die aus sprachdiagnostischen Verfahren bekannt sind, fordert das Vier-Quadranten-Modell explizit dazu auf, über die sprachstandsdiagnostischen Indikatoren hinausgehend Sprachbildungsbereiche zu benennen. Hierzu zählt auch der Umgang mit Variation und Varietäten. Auch wenn derzeit Studien fehlen, die die Rolle der sprachlichen Variation im Hinblick auf die Aneignungsfolgen der deutschen Bildungs-

61 Die einzelnen sprachlichen Phänomene bzw. Indikatoren können dabei selbstverständlich auch in zwei Quadranten aufgeführt werden.

sprache darstellen, gibt es Möglichkeiten, mit dem derzeitigen Stand der Forschung die Variation in der sprachlichen Bildung zu berücksichtigen.

Konkret dient das Vier-Quadranten-Modell der Klärung der Fragen,

a) welche einer Erwerbsprogression folgenden sprachlichen Phänomene im DaZ-Unterricht explizit vermittelt und geübt werden sollen,

b) der Erwerb welcher einer Erwerbsprogression folgenden sprachlichen Phänomene im Fachunterricht durch eine sprachbewusste Unterrichtsgestaltung implizit unterstützt werden soll,

c) welche Sprachbildungsbereiche im DaZ-Unterricht spiralcurricular bzw. wiederkehrend zu bearbeiten sind,

d) für welche Sprachbildungsbereiche im Fachunterricht im Rahmen einer sprachbewussten Unterrichtsgestaltung spiralcurricular bzw. wiederkehrend den Spracherwerb unterstützend gearbeitet werden soll.

Zu Fragen c) und d) zählt auch der reflektierte Umgang mit dem Dialekt-Standard-Kontinuum, z.B. könnte ein Kollegium vereinbaren, dass alle Lehrkräfte (DaZ- und sprachbewusster Fachunterricht) darauf achten, dass sie von allen Schüler_innen verstanden werden und dialektale Formen und deren standardsprachlichen Entsprechungen erkennbar machen, um das Recht der Schüler_innen auf einen möglichst barrierefreien Zugang zu Bildung zu wahren.

Abbildung 5: Vier-Quadranten-Modell der Handlungsfelder sprachlicher Bildung

6.2.2 Diagnose sprachlicher Kompetenzen

Dass die Planung und Durchführung sprachbildender Lernarrangements diagnosegestützt, also evidenzbasiert, stattfinden soll, ist mittlerweile Common Sense. In den vergangenen zwei Dekaden sind in großer Zahl sprachdiagnostische Verfahren entwickelt worden, die sich im Hinblick auf Verfahrenstyp, Kompetenzmodelle und Verfahrensgüte zum Teil erheblich unterscheiden. Bei allen Differenzen ist den Verfahren gemein, dass sie Sprachen isoliert betrachten und v.a. auf das Deutsche als Zweitsprache fokussiert sind. Der Markt an Verfahren, die weitere Alltags- und Familiensprachen der im amtlich deutschsprachigen Raum lebenden Kinder und Jugendlichen, wie z.B. Arabisch und Türkisch mit erfassen, ist überschaubar: Zu nennen sind hier einerseits das Hamburger Verfahren zur Analyse des Sprachstands Fünfjähriger (HAVAS 5, Reich & Roth, 2004), die im Rahmen des Modellprogramms FörMig entwickelten Sprachkompetenzprofilanalysen Bumerang (Reich, Roth & Döll, 2009) und Tulpenbeet (Reich, Roth & Gantefort, 2008) sowie die Tests PRIMO (Duindam, Konak & Kamphuis, 2010) und ESGRAF-MK (Evozierte Sprachdiagnose grammatischer Fähigkeiten für mehrsprachige Kinder, Motsch, 2011). Bei den genannten Verfahren werden die Kompetenzen im Deutschen und in den weiteren Sprachen getrennt erfasst, d.h. am Ende liegen Ergebnisse für die einzelnen Sprachen vor, das Hin- und Herwechseln zwischen Sprachen wird außerordentlich selten erhoben, z.B. in HAVAS 5. Diese Orientierung an Einzelsprachen ist symptomatisch für eine grundsätzliche standardsprachliche Orientierung sprachdiagnostischer Verfahren, die die Berücksichtigung innersprachlicher Variation kaum ermöglicht.

Deutlich wird diese Orientierung an der Standardsprache im Bereich der lexikalisch-semantischen Fähigkeiten: So werden in Süddeutschland und Österreich sozialisierte Kinder im Test SFD (Sprachstandsüberprüfung und Förderdiagnostik; Hobusch, Lutz & Wiest, 2016, S. 23) vor die für sie nahezu unlösbare Aufgabe gestellt, auf einem Bild auf etwas zu deuten, das „kraus" ist – „kraus" als Bezeichnung für stark gelocktes Haar ist regional ungebräuchlich. Demgegenüber sorgen die im am österreichischen Standarddeutsch orientierten Verfahren USB DaZ (Unterrichtsbegleitende Sprachstandsbeobachtung Deutsch als Zweitsprache; Fröhlich, Döll & Dirim, 2014) gegebenen Beispiele für Alltagsgrundwortschatz der Primarstufe („Füllfeder, [...], Leiberl, Turnsackerl", S. 21) in Norddeutschland eher für Verwirrung oder Erheiterung als für die von den Autorinnen intendierte Schärfung des Verständnisses des Konzepts von Alltagsgrundwortschatz.

Auch im Bereich der morphologisch-syntaktischen Fähigkeiten kann es zu Dissonanzen zwischen dem Sprachgebrauch der Kinder und Jugendlichen und den in der Spracherwerbsforschung und der Verfahrensentwicklung etablierten Kategorien kommen. So stellt sich beispielsweise die Frage, ob das in Westösterreich übliche Pendant zur *würde*-Form des Konjunktiv, Konstruktionen aus der Konjunktiv II-Form von *tun* und Infinitiv (z.B. *i tarat renna* in der Bedeutung von ‚ich würde laufen'), bei der Analyse von Sprach- und Schreibproben, z.B. mit USB DaZ oder Niveaubeschreibungen Deutsch als Zweitsprache (Döll & Reich, 2013a, 2013b), wie ein *würde*-Konjunktiv zu behandeln ist oder nicht. Ein ähnliches Beispiel ist die in

Westdeutschland/NRW übliche Verwendung des Präteritums in der Bedeutung des *Würde*-Konjunktivs („*Machte es Sinn?*“ in der Bedeutung von ‚Würde es Sinn machen?‘) bzw. die Verwendung des Indikativs im Sinne des Konjunktiv II.

Nur in wenigen Verfahren werden explizite Anweisungen gegeben, wie mit innersprachlicher Variation umzugehen ist, ggf. auch deshalb, weil die gesamte Breite möglicher sprachlicher Handlungen von den Verfahrensentwickler_innen gar nicht vorhersehbar ist. Für die Anwender_innen der Verfahren in der pädagogischen Praxis ergibt sich daraus die Notwendigkeit der intensiven Reflexion sprachdiagnostischer Kategorien, Prozesse und Ergebnisse.

Die aufgeworfenen Fragen zum Umgang mit innersprachlicher Variation im Rahmen von Sprachdiagnosen verweisen auf ein grundsätzliches Problem:

> Ein Grundproblem der Sprachdiagnostik besteht darin, dass [...] der Spracherwerb in Abhängigkeit von zahlreichen Faktoren, wie bspw. dem Erwerbsalter, individuell sehr unterschiedlich verlaufen kann. Da das Zusammenspiel aus biologischen, kognitiven und sozio-affektiven Faktoren höchst komplex ist [...], ist es kaum möglich, Standardverläufe zu modellieren. (Settinieri & Jeuk, 2019, S. 10)

Die Vielzahl an Einflussfaktoren des Spracherwerbs, zu denen beispielsweise auch dialektale und soziolektale Einflüsse zählen, führt zu hoch individuellen Verläufen, was letztlich die Normierung von Verfahren bzw. die Nutzung normierter Verfahren obsolet macht. Die Nutzung nicht normierter sprachdiagnostischer Verfahren als Grundlage für die Modellierung sprachbewusster Lernarrangements hingegen ist als gewinnbringend einzuschätzen, wobei die Betrachtung der Kontextbedingungen des Spracherwerbs, die in aller Regel nicht Teil des sprachdiagnostischen Verfahrens ist, für die Interpretation der diagnostischen Ergebnisse relevant sind.

6.2.3 Einflussfaktoren des Zweitspracherwerbs

Die Einflussfaktoren des Zweitspracherwerbs wurden in einer Vielzahl an Studien intensiv untersucht. Jeuk (2015) kategorisiert drei Hauptfaktoren: Motivation, Fähigkeiten und Gelegenheiten.

Motivation: Dass die Aneignung einer Sprache von Antrieb und Anreiz beeinflusst wird, ist naheliegend. In der Literatur werden zwei Formen der Motivation beschrieben: instrumentelle und integrative Motivation. Integrative Motivation liegt vor, wenn die Sprachaneignung durch den Wunsch nach sozialer Interaktion und Partizipation am Geschehen in einer Gruppe angetrieben ist. Jüngere Schüler_innen sowie Kindergartenkinder sind in der Regel integrativ motiviert – sie möchten mit den anderen Kindern ihrer Lern- und Spielgruppe interagieren und erwerben die dafür notwendigen sprachlichen Mittel im Zuge dieser Interaktion, ohne dass sie ihren Spracherwerb bewusst vorantreiben. Im Gegensatz dazu verstehen instrumentell motivierte Sprachaneignende die Aneignung der Zweitsprache als notwendiges Mittel zu einem von ihnen verfolgten Zweck, wie z.B. der Erwerb eines Zertifikats. Die Motivation für den Zweitspracherwerb wird stark von kognitiven und affektiven Faktoren sowie dem sozialen Kontext beeinflusst. In der Schule spielen z.B. Erfolgs- und Misserfolgserwartungen der Kinder und Jugendlichen, die teilweise aus früheren Schul- und Lernerfahrungen resultieren, und das Verhalten der Lehrkraft eine Rolle, wobei dieselben pädagogischen Maßnahmen und Handlungen auf verschiedene Schüler_innen in Abhängigkeit von deren individuellen Vorerfahrungen und Persönlichkeiten unterstützend oder hemmend wirken können.

Zu den sozialen Kontextfaktoren ist bekannt, dass integrativ motivierend wirkende positive Kontakte in Form freundschaftlich-freundlicher respektvoller Beziehungen zu Sprecher_innen der Zielsprache den Spracherwerb begünstigen können. Jeuk (2015) betont darüber hinaus die Bedeutung der Akzeptanz von Mehrsprachigkeit und hybrider Zugehörigkeit, vor allem in schulischen Kontexten, da diese die Voraussetzung dafür ist, dass sich Schüler_innen der Zielsprache loyalitätskonfliktfrei öffnen und zuwenden können, ohne Sprache, Traditionen und Werte ihrer Familie leugnen, verheimlichen oder in anderer Form abwerten zu müssen. Eine gleichermaßen offene Haltung vonseiten der Eltern ist dem Zweitspracherwerb von Kindern und Jugendlichen ebenfalls zuträglich, d.h. auch die Einstellung der Eltern der Zweitsprache gegenüber beeinflusst den Erwerb dieser, indem sie hemmend oder unterstützend wirken kann.

Fähigkeiten: Grundsätzlich verfügt jede Person über die Fähigkeit eine Zweitsprache zu erwerben. Das Ausmaß dieser Fähigkeit wiederum ist von individuellen Begabungen, Persönlichkeitsmerkmalen, Vorerfahrungen und Alter der Person bei Erwerbsbeginn abhängig. Spracherwerbsprozesse werden einerseits von kognitiven Grundfähigkeiten beeinflusst, andererseits vom Erinnerungsvermögen und sprachanalytischen Fähigkeiten, wobei die Bedeutung des Erinnerungsvermögens mit zunehmendem Alter der Lernenden abnimmt, während die Relevanz sprachanalytischer Fähigkeiten steigt. Auch das sog. „ultimate attainment“, das erreichbare Kompetenzniveau, ist altersabhängig, das prominenteste Beispiel hierfür ist sicher die Feststellung, dass die Wahrscheinlichkeit der Aneignung einer sog. akzentfreien Aussprache[62] mit zunehmendem Alter bei Erwerbsbeginn sinkt. Auch Spracherwerbserfahrungen und erworbene Spracherwerbsstrategien wirken sich auf den Zweitspracherwerb aus (Paradis, 2009).

Im Hinblick auf Persönlichkeitsmerkmale haben sich zwei Konstellationen als besonders erfolgreich erwiesen: Bei der ersten Konstellation handelt es sich um extrovertierte kommunikationsfreudige Personen, die häufig und intensiven Kontakt zu Sprecher_innen suchen und die Zweitsprache zügig und sicher in der sozialen Interaktion erwerben. Die zweite besonders erfolgversprechende Konstellation findet sich bei eher zurückhaltenden

62 Eine Aussprache ist immer mit einem Akzent verbunden. Allerdings wird die Entsprechung der als „native“ geltenden Aussprache als Ziel der Sprachvermittlung angesehen. Sie reproduziert hegemoniale Repräsentationen von Ownership von Sprache und ist aus unserer Perspektive grundsätzlich in Frage zu stellen, gerade unter Bedingungen der globalisierten Migrationsgesellschaft (vgl. Azimova & Johnston, 2012 im Hinblick auf die ethnisch-nationalistische Modellierung des Russischen durch Sprachlehrwerke, s. auch Kapitel 5).

Personen, die ihre Aufmerksamkeit gezielt auf Sprachvorbilder, z.B. Lehrer_innen oder ausgewählte Mitschüler_innen, richten. Die im Vergleich geringere Kommunikationsfreude wird hier durch hohe kognitive und sprachanalytische Fähigkeiten kompensiert (ebd.).

Gelegenheiten: Neben Aspekten von Motivation und Fähigkeiten wird der Zweitspracherwerb selbstverständlich auch davon beeinflusst, welche Möglichkeiten bzw. Gelegenheiten sich einer Person überhaupt bieten, sich die Sprache anzueignen. Beeinflussend wirkt hier u.a. die Sprachkontaktdauer, aber auch Quantität und Qualität des sprachlichen Inputs sind von hoher Relevanz. Der intensive Kontakt (Quantität) zu Sprachvorbildern (Qualität) ist demgemäß besonders förderlich für den Erwerb einer Sprache. Zu Förderangeboten, deren primäres Ziel es ist Aneignungsgelegenheiten zu schaffen, ist bekannt, dass sprachliche Mittel, die auch außerhalb des Förderarrangements relevant sind, z.B. zur Bewältigung des (Schul-)Alltags, eher erworben werden, als alltagspraktisch unbedeutende sprachliche Mittel, d.h. die Relevanz sprachlicher Mittel, zu denen Spracherwerbende Kontakt bekommen, wirkt sich auf den Erwerbsfortschritt aus. Darüber hinaus müssen die sprachlichen Mittel, deren Vermittlung intendiert ist, sich in der sog. „Zone der nächsten Entwicklung" (Vygotskij, 1934/2002) der Lernenden befinden, um von ihnen angeeignet werden zu können. Geschaffene Aneignungsgelegenheiten können also nur dann wirksam werden, wenn seitens der Geförderten in Bezug auf die sprachlichen Mittel bereits eine Aneignungsbereitschaft (nicht im Sinne von Wollen, sondern „readiness") vorliegt.

Der kurze Überblick über die Hauptfaktoren Motivation, Fähigkeiten und Gelegenheiten sowie ihre Facetten macht deutlich, dass es sich beim Zweitspracherwerb um einen komplexen Vorgang handelt, der von zahlreichen Größen beeinflusst wird, die wiederum wechselseitig aufeinander einwirken (können). Aufgrund des multifaktoriellen Gefüges ist es nicht möglich, pauschale Anweisung für die Gestaltung expliziter Sprachförderung und fachintegrierter Sprachbildung zu geben. Verschiedene Persönlichkeitstypen beispielsweise benötigen verschiedene Settings, um ihr Potenzial zu entfalten. Tendenziell extrovertierte Schüler_innen werden eher von einem offenen kommunikativen Unterricht profitieren, tendenziell introvertiert-analytische Schüler_innen profitieren vom Input von Sprachvorbildern, wie er z.B. im Frontalunterricht gegeben wird. Erwerbsfortschritte werden dabei auch von Vorerfahrungen, sozialen Kontextbedingungen, kognitiven Dispositionen usw. beeinflusst und das „ultimate attainment" ist ggf. altersbedingt limitiert.

6.2.4 Dialekt-Standard-Variationserwerb bei zwei- und mehrsprachigen Kindern und Jugendlichen

Im Vergleich zum Erwerb des Deutschen als Zweitsprache ist zum Dialekt-Standard-Variationserwerb bei zwei- und mehrsprachigen Kindern und Jugendlichen bislang wenig bekannt (Kaiser, 2019). In den wenigen vorliegenden Untersuchungen zeichnet sich ab, dass neben kognitiven Voraussetzungen und sozialen Motiven (Schmidt & Herrgen, 2011) v.a. der Input in Peergroups und Familien eine Rolle spielt. Während rezeptive Fähigkeiten anscheinend zügig erworben werden, halten Kaiser, Ender und Kasberger (2019) zur produktiven Variationskompetenz fest, dass diese nicht zwingend von Zweitsprachenlernenden angestrebt wird, da ihre Gesprächspartner_innen in der Regel Standardsprache verstehen; die produktive Variationskompetenz habe jedoch eine bedeutende soziale Dimension (s. Kapitel 5). Untersuchungen zur Diskrimination zwischen Dialekt und Standard haben gezeigt, dass bei Kindern im Vorschulalter beim Standardverstehen keine Unterschiede zwischen ein- und mehrsprachig sozialisierten Kindern bestehen (Kaiser, 2019, S. 72). Beim Dialektverstehen hingegen haben jüngere mehrsprachige Kinder anscheinend leichte Nachteile, die sich jedoch im Laufe der Kindergartenzeit auflösen. Analog dazu stellen Ender, Kasberger und Kaiser (2017) fest, dass zwischen Jugendlichen, die Deutsch als Zweitsprache erwerben, und Jugendlichen, die Deutsch als Erstsprache erwerben, keine Unterschiede in der Diskrimination zwischen Dialekt und Standard bestehen. Differenzen werden jedoch bei der Bewertung von Dialekt und Standard deutlich: Sowohl Jugendliche als auch Studierende, die Deutsch als Zweitsprache erwerben bzw. erworben haben, sind dem Dialekt gegenüber deutlich kritischer eingestellt, d.h. standardorientierter, als einsprachig sozialisierte Jugendliche und Studierende (Ender, Kasberger & Kaiser, 2017; Dannerer & Vergeiner, 2019).

Zusammenfassend kann man festhalten, dass die Fähigkeit, eine eher dialektale Sprechlage verstehen zu können, in der Regel recht zügig erworben wird; zentral für den Erwerb ist der Input in Peergroups und Familien. Verständnisschwierigkeiten sind vor allem bei neu zuziehenden Schüler_innen zu erwarten. Produktive Dialekt-Standard-Variationskompetenzen sind sozial von Nutzen, aber nicht zwingend erforderlich, für den Erwerb sind hier überwiegend soziale Motive relevant.

Für eine gewinnbringende Sprachbildung ist es notwendig, die mit standardisierten diagnostischen Verfahren gewonnenen Informationen im Kontext der individuellen Einflussgrößen des Spracherwerbs zu interpretieren, wobei die eingangs geforderte variationslinguistische Reflexion mit der Reflexion über Aneignungsgelegenheiten verknüpft werden kann (s. Tabelle 2).

Tabelle 2: Einflussfaktoren des Zweitspracherwerbs

	Reflexionsbereich und -fragen	Was wirkt sich derzeit auf den Spracherwerbsprozess des_der Schüler_in begünstigend aus?	Was wirkt sich derzeit auf den Spracherwerbsprozess des_der Schüler_in hemmend aus?	Welche Konsequenzen kann man für die pädagogische Arbeit mit dem_der Schüler_in ziehen?
Fähigkeiten	**Alter** – Wie alt ist der_die Schüler_in? Wann hat er_sie mit der Aneignung der deutschen Sprache begonnen? Inwiefern spielt dabei die Variation des Deutschen eine Rolle?			
	Begabung – Was ist über die kognitiven Grundfähigkeiten des_der Schülers_Schülerin bekannt? Wie sind Erinnerungsvermögen und sprachanalytische Fähigkeiten einzuschätzen?			
	Persönlichkeit – Ist der_die Schüler_in eher extrovertiert oder zurückhaltend?			
	Erfahrungen – Was ist über die Lernerfahrungen des_der Schülers_Schülerin bekannt? Welche Lernstrategien lassen sich feststellen?			
Motivation	**Einstellung** – Inwiefern ist der_die Schüler_in integrativ oder instrumentell motiviert?			
	kognitive und affektive Aspekte – Inwiefern bringt der_die Schüler_in Erfolgs- und Misserfolgserwartungen mit?			
	sozialer Kontext – Wie ist die Einstellung der Eltern zur Zweitsprache Deutsch? Bestehen positive Kontakte zu Sprecher_innen schul- und alltagsrelevanter Varietäten? Wird die Mehrsprachigkeit und Mehrfachzugehörigkeit des_der Schülers_Schülerin durch die Umgebung akzeptiert? Inwieweit wird der Umgang des Schülers_der Schülerin mit der Variation des Deutschen akzeptiert und unterstützt?			
Gelegenheiten	**Quantität** – In welchem Umfang hat der_die Schüler_in Kontakt zur deutschen Sprache schul- und alltagsrelevanter Varietäten?			
	Qualität – Mit welchen sprachlichen Varietäten (inkl. Registern) kommt der_die Schüler_in in Kontakt? In welchem Verhältnis stehen diese Varietäten zu den für schulischen Erfolg und Zugehörigkeit relevanten Varietäten?			
	Anschlussfähigkeit – Welche Fähigkeiten im Deutschen wurden bereits erworben (= diagnostische Ergebnisse)? Inwiefern sind Inhalte und Gegenstände der Sprachförderung bzw. sprachbildenden Maßnahmen an den erreichten Aneignungsstand im Deutschen anschlussfähig? Inwieweit inkludieren die Fähigkeiten den Umgang mit der Variation des Deutschen?			

6.2.5 Festlegung individueller Sprachbildungsziele

Nachdem eine Klärung der Zuständigkeiten in der sprachlichen Bildung im Kollegium stattgefunden hat, können auf Grundlage der Vereinbarung für einzelne Schüler_innen individuelle Sprachbildungspläne erstellt werden, die den Ist-Stand, Sprachbildungsziele und mögliche Aktivitäten dokumentieren werden. Die Sprachbildungsziele zu den verschiedenen Indikatoren und darüber hinausgehenden sprachlichen Bildungsbereichen sind für beide Handlungsfelder (DaZ- und Regelunterricht) jeweils identisch, Unterschiede bestehen bei den Aktivitäten und Angeboten, die dabei unterstützen sollen, dass die Schüler_innen die benannten Ziele erreichen. Abbildung 6 zeigt einen beispielhaften Auszug aus einem individuellen Sprachbildungsplan für ein Kind im Grundschulalter. Das Kollegium der Schule, die das Kind besucht, hat festgelegt, dass die Aussprache grundsätzlich in die Zuständigkeit des DaZ-Unterrichts fällt, so dass für diesen Aspekt der sprachlichen Bildung nur für den DaZ-Unterricht Ziele und Aktivitäten festgehalten sind. Die Bildung verschiedener Person-, Numerus- und Tempusformen hingegen soll sowohl im DaZ- als auch im Fachunterricht bearbeitet werden. Die Schülerin soll z.B. in der Lage sein, erste Präteritumsformen zu verwenden – im DaZ-Unterricht sollen hierfür die Bildungsregeln erarbeitetet und Umformungsübungen vorgenommen werden, im Fachunterricht in der Regelklasse hingegen soll Input im Präteritum mit begleitender Verständnissicherung angeboten werden.

Schüler_in: Dana	Klasse/SchSt.: 3a	Sprache(n): Arabisch, Englisch
Lehrpersonen: Xenon, Yılmaz, Zauber		
Anmerkungen: sehr kontaktfreudig und aufgeweckt		

Förder-bereich	Ist-Stand	mögliche Aktivitäten und Angebote für den DaZ-Unterricht	mögliche Aktivitäten und Angebote für den Unterricht in der Regelklasse
PERSON UND NUMERUS	☐2.P.Pl.	**ZIEL: Dana verwendet alle Person-/Numerusformen.**	
	☒ 1.P.Pl./3.P.Pl./2.P.Sg. ☐3.P.Sg. ☐1.P.Sg. ☐undiff. Zuweisung	Verben mit allen Personen konjugieren und die Regeln erarbeiten; Spielfiguren verwenden, diese personalisieren und sie etwas tun lassen und die Sätze aufschreiben; Endungen der Verben markieren und Merkmale erkennen; Personalpronomen im Dialekt (Hennebergisch: *duä, hä, züä, miä, ihä, sä*) und Unterschiede in der Verbflexion erarbeiten	Kleingruppenarbeit, sodass Dana die 2. P. Pl. häufig hört und ggf. selber verwenden kann; in Verbindung mit Bewegung: Aktivitäten/Übungen abwechselnd an die ganze Klasse und einzelne Schüler_innen adressieren
TEMPUS	☐Präteritum	**ZIEL: Dana verwendet das Futur sicher und darüber hinaus erste Präteritumsformen (über "war" hinaus).**	
	☒Futur ☐Präteritum von "sein" ☐Perfekt ☐Partizip ohne Hilfsverb ☐Präsens	Bildung von Präteritum erarbeiten, Umformungsübungen; Festvorbereitungen (Sommerfest, Muttertag, Geburtstag, Verabschiedung, ...) zur Festigung des Futur; Unterschiede der Verwendung von Vergangenheitsformen im Dialekt-Standard-Kontinuum herausarbeiten (Ersetzen des Präteritums durch das Perfekt im Hennebergischen)	Lesetexte anbieten, die im Futur und im Präteritum stehen (Input durch Lesen und Hören); beim Vorkommen von Präteritum das Verständnis sichern, z.B. durch annäherende Wiederholung im Perfekt durch Mitschüler_innen; Verständnis bei Verwendung dialektaler Formen sichern, v.a. auch bei Perfekt bzw. Partizip II (gemacht / gemoächd usw.)
AUS-SPRACHE	☒deutlich	**ZIEL: Dana spricht bereits ausreichend deutlich.**	
	☐teilweise undeutlich ☐undeutlich	kein Handlungsbedarf	

Abbildung 6: Beispiel für einen individuellen Sprachbildungsplan

6.2.6 Unterrichtsplanung unter Zuhilfenahme bewährter Instrumente

Die große Herausforderung einer diagnosegestützten Sprachbildung im Fachunterricht besteht darin, die diagnostizierten sprachlichen Fähigkeiten der Schüler_innen zu den sprachlichen Zielen des Unterrichts in Beziehung zu setzen. Ein in der Praxis oft ausgelassener, dafür aber notwendiger Schritt ist die Konkretisierung und damit verbunden die Reflexion der sprachlichen Ziele des eigenen Unterrichts, wie sie von Tajmel und Hägi-Mead (2017) gefordert wird. Zur Unterstützung bieten die Autorinnen zwei Tools an, den „Planungsrahmen zur sprachbewussten Unterrichtsplanung“ (Tajmel & Hägi-Mead, 2017, S. 75) und das „Konkretisierungsraster“ (ebd., S. 80). Der Planungsrahmen fordert dazu auf, die für die Bewältigung eines Themas notwendigen Sprachhandlungen und Sprachstrukturen sowie das dafür benötigte Vokabular zu explizieren. Dabei wird deutlich, dass nicht für alle Aktivitäten das standardnahe Register Bildungssprache benötigt wird, d.h. der Planungsrahmen lädt Lehrkräfte implizit dazu ein, sich darüber bewusst zu werden, inwiefern nicht standardsprachliche Varietäten oder auch andere Sprachen als Deutsch während der verschiedenen Unterrichtsaktivitäten von den Schüler_innen verwendet werden können bzw. sollten.

Im Gegensatz zum Planungsrahmen, mit dem Unterrichtsthemen einer linguistischen Grobanalyse unterzogen werden können, dient das Konkretisierungsraster (s. Abbildung 7) der Feinanalyse von Aufgabenstellungen im Unterricht oder aber auch von Prüfungsaufgaben. Es fordert Lehrer_innen dazu auf, die mit einer Aufgabe verbundenen Sprachhandlungen explizit zu benennen, ihren Erwartungshorizont auszuformulieren und anschließend die für die Erfüllung der Erwartungen benötigten sprachlichen Mittel herauszuarbeiten. Auch das Konkretisierungsraster bietet die Möglichkeit zur Reflexion der Gegenstandsangemessenheit der Verwendung verschiedener Sprachen und Varietäten – bislang allerdings ebenfalls ohne dies explizit zu machen.

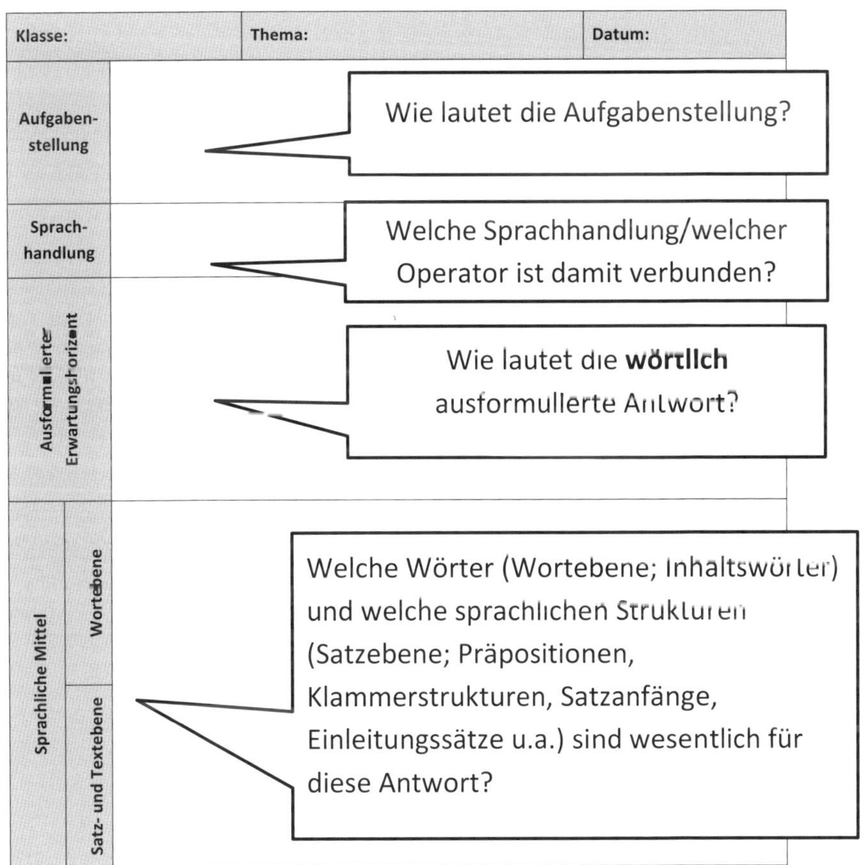

Abbildung 7: Konkretisierungsraster (Tajmel & Hägi-Mead, 2017, S. 80)

Explizit für die Unterrichtsplanung im Kontext innersprachlicher Variation sind die folgenden Leitfragen während der Arbeit mit Planungsrahmen und Konkretisierungsraster, aber auch darüber hinaus, nützlich.

Leitfragen für die Unterrichtsplanung und -gestaltung

a) Wann und warum spreche ich als Lehrkraft eher Standard, wann und warum nicht?

b) Wann und warum erwarte ich von Schüler_innen, dass sie Standardsprache verwenden, wann und warum können oder sollen Nichtstandard-Varianten oder eine Nichtstandard-Varietät verwendet werden?

c) Wie stelle ich sicher, dass mich die Schüler_innen verstehen, wenn ich Nichtstandard-Varianten, eine Nichtstandard-Varietät oder Standard verwende?

d) Wie beurteile ich verschiedene Varietäten, Sprachen und Akzente? Inwiefern wirken diese Beurteilungen abwertend?

e) Woran können die Schüler_innen erkennen, ob in einer Unterrichtssituation Standard oder Nichtstandardvarianten/eine Nichtstandard-Varietät angemessen ist? Wie signalisiere ich den Schüler_innen, was ich für angemessen halte?

f) Welche Möglichkeiten stelle ich zur Verfügung, damit die Schüler_innen Nichtstandardvarianten und deren standardsprachlichen Entsprechungen erkennen können?

Während Lehrkräfte zu den Fragen d) bis f) Antworten finden können, die in jeder Unterrichtsstunde Anwendung finden bzw. reflektiert werden können, z.B. visuelle Signale, müssen die Fragen a) bis c) für jede Stunde bzw. jedes Unterrichtsthema neu beantwortet werden, da die Antworten stark von den Dispositionen und Präferenzen der Schüler_innen sowie den Unterrichtszielen abhängen. Aus diesem Grund schlagen wir vor, den Planungsrahmen um Aspekte des Dialekt-Standard-Kontinuums zu erweitern (s. Abbildung 8). Der Planungsrahmen hält zunächst das Thema einer Unterrichtseinheit fest (linke Spalte, hier: „Messung des Volumens von verschiedenen Körpern“ nach Tajmel & Hägi-Mead, 2017, S. 76f). Daneben werden die vorgesehenen Aktivitäten und Sprachhandlungen aufgeführt, zu denen in der Spalte „IST: Lage im Dialekt-Standard-Kontinuum“ festgehalten werden kann, in welcher (Sprech-)Lage die Schüler_innen die Aufgabe voraussichtlich ad hoc bewältigen werden. In der Spalte „SOLL: Sprachstrukturen“ wird der angestrebte Erwartungshorizont festgehalten und unter „Vokabular“ die für das Erreichen des Horizonts benötigten Begriffe notiert.

Thema	Aktivitäten und Sprachhandlungen	IST: Lage im Dialekt-Standard-Kontinuum	SOLL: Sprachstrukturen	Vokabular
Messung des Volumens von verschiedenen Körpern	**Allgemein** in Partner_innenarbeit: Messgefäße auswählen, Messgefäße befüllen, Wasserstand ablesen, Messwerte in Tabelle eintragen, Volumen ermitteln, Ergebnisse vortragen			s Wasser, -; r Messwert, -e; r Körper, -; s Volumen, -; r Tennisball, ä -e; s Ergebnis, -e; e Formel, -n; r Messzylinder, - achten auf; achtgeben auf; in eine Tabelle eintragen achtgeben, gab acht, achtgegeben befüllen, befüllte, befüllt eintauchen, tauchte ein, eingetaucht abziehen, zog ab, abgezogen 1., 2., erster, zweiter; groß, größer, am größten - … minus = … ist gleich ml … Milliliter cm^3 … Kubikzentimeter zuerst, dann, danach, indem Volumen ermitteln, Gefäß befüllen, Wert abziehen, Berechnung erklären, Ergebnis vortragen Der… hat ein Volumen von … ml. Das Volumen des … beträgt … ml.
	Hören Die Anweisungen der Lehrkraft befolgen. Dem Vortrag der anderen Gruppen folgen.	überwiegend Standard z.T. Dialekt	„Achtet bitte darauf, dass ihr nicht zu viel Wasser einfüllt." „Lest die Messwerte bitte genau ab."	
	Sprechen a) Vorgang der Volumenmessung beschreiben b) Berechnung erklären c) Ergebnisse vortragen	Wird vrsl. im Dialekt realisiert. → sukzessive in Richtung Standard modellieren	„a) Zuerst haben wir den Messzylinder befüllt. Dann haben wir den ersten Messwert abgelesen. Danach haben wir den Tennisball in das Wasser getaucht und haben den zweiten Messwert abgelesen. Der zweite Messwert ist größer als der erste Messwert. b) Das Volumen des Körpers haben wir errechnet, indem wir den 1. Messwert vom 2. Messwert abgezogen haben. Die Formel dazu lautet: V = V2-V1 Das Volumen des Körpers ist gleich der 1. Messwert weniger dem 2. Messwert. c) Der Tennisball hat ein Volumen von … ml. Das Volumen des Tennisballs beträgt … ml."	
	Lesen Messwerte ablesen	überwiegend Standard	55 ml (Milliliter), 20 cm^3 (Kubikzentimeter)	
	Schreiben Messwerte in eine Tabelle eintragen Vorgang der Volumenmessung beschreiben	überwiegend Standard	s. Sprechen	
	Verständnissicherung	durch Nachfragen, Paraphrasierungen und Wiederholungen (standardnäher, standardferner), Achten auf nonverbale Hörer_innensignale		

Abbildung 8: Um Aspekte des Dialekt-Standard-Kontinuums erweiterter Planungsrahmen zum Beispiel von Tajmel & Hägi-Mead, 2017, S. 76f.

Sowohl der erweiterte Planungsrahmen als auch das Konkretisierungsraster lassen den mit einem Unterrichtsthema verbundenen Sprachbedarf in den Blick nehmen, d.h. sie dienen der Identifikation und Reflexion von sprachlichen Mitteln, die im Zusammenhang mit dem fachlichen Lernen benötigt werden, und zeigen sprachliche Herausforderungen sowie Sprachbildungspotential von Unterrichtsthemen auf. Die sprachliche Ausgangslage der Schüler_innen und die individuelle Ausprägung der Einflussfaktoren des Spracherwerbsprozesses (s. Tabelle 2) wird in diesen Instrumenten jedoch nicht berücksichtigt. Um Fachunterricht diagnosebasiert sprachbewusst zu gestalten, müssen nun die sprachlichen Anforderungen der Unterrichtsthemen mit den Sprachaneignungsständen und individuellen Sprachbildungsplänen der Schüler_innen abgeglichen werden. Dabei wird sichtbar, was einzelne Schüler_innen bereits ohne Unterstützung bewältigen können, welche Verstehens- und Formulierungsschwierigkeiten zu erwarten sind und welche Herausforderungen mit Unterstützung bewältigt werden können und sollen, da sie in der „Zone der nächsten Entwicklung" liegen[63] und eine entsprechende Zuständigkeitsvereinbarung vorliegt. Unter zusätzlicher Berücksichtigung der individuellen Ausprägung der Einflussfaktoren des Spracherwerbsprozesses können Lernarrangements diagnosebasiert sprachbewusst geplant und durchgeführt werden.

6.2.7 Organisatorische und didaktische Prinzipien

Im vorherigen Abschnitt ist deutlich geworden, dass eine diagnosebasierte sprachbewusste Unterrichtsgestaltung ein anspruchsvolles Unterfangen ist. In der oben bereits angesprochenen Arbeitsgruppe konnten jedoch erfahrungsbasiert einige organisatorische und didaktische Prinzipien identifiziert werden, die die Sprachbildungsarbeit erleichtern. Es liegt auf der Hand, dass Unterricht, v.a. in Klassen mit sprachlich heterogener Schüler_innenschaft, unter den derzeit gegebenen Rahmenbedingungen (Klassengröße, geringe Möglichkeiten zum Teamteaching usw.) nicht in jeder Fachunterrichtsstunde mehrere Schüler_innen parallel individuell sprachlich gefördert werden können. Daher ist es nötig eine Fokussierung vorzunehmen, wobei sich folgende Möglichkeiten anbieten:

1) Der Unterricht wird so vorbereitet, dass der_die Schüler_in mit dem größten Unterstützungsbedarf im Deutschen durch die verwendeten Materialien und Aktivitäten die intensivste Unterstützung erfährt. Schüler_innen mit einem geringeren Unterstützungsbedarf profitieren vom sprachbezogenen Angebot partiell ebenfalls.
2) Jede Unterrichtsstunde wird mit wechselndem Fokus auf eine_n bestimmte_n Schüler_in sprachbewusst vorbereitet. So wird jede_r gelegentlich gezielt unterstützt und profitiert partiell vom sprachbezogenen Angebot, wenn ein_e andere_r Schüler_in im Fokus steht.
3) Jede Lehrkraft spezialisiert sich auf einen konkreten Sprachbildungsbereich (z.B. der Biologielehrer auf Syntax, die Informatiklehrerin auf Verbformen usw.) und bereitet seinen_ihren Unterricht binnendifferenzierend so vor, dass jeweils alle Schüler_innen individuell unterstützt und gefördert werden.

Darüber hinaus sollten an jedem Schulstandort Minimalstandards definiert werden, die von allen Lehrkräften eingehalten werden, z.B. Nomen stets mit Genus und Plural einzuführen und Leseaufträge zu didaktisieren. Der reflektierte Umgang mit Standard und Nichtstandardvarianten und -varie-

63 Die bisher ausgearbeiteten „Zonen" des Deutschen orientieren sich an der Aneignung der Bildungssprache des standardsprachlichen Deutsch.

täten entlang der o.g. fünf Leitfragen könnte ebenfalls als Minimalanforderung festgelegt werden. Beispielsweise würde der oben beispielhaft angeführte Biologielehrer umgangssprachliche oder dialektorientierte Syntax explizit mit der standardsprachlichen vergleichen (lassen), um bei den Schüler_innen eine bewusste Differenzierung herbeizuführen.

Fallbeispiel 2: Volumenmessung auf Hennebergisch

Eine im hennebergischen Dialekt[64] sozialisierte Schülerin, Anne (Deutsch als L1), könnte den Versuch zur Messung des Volumens von verschiedenen Körpern (s. Abbildung 8), ihre Berechnungen und die Ergebnisse mündlich so beschreiben[65]:

01 Zuörschd hun miä dän Mässbächä vollgemoächd un hun dän örschde Ward ogelassd.
Zuerst haben wir den Messbecher vollgemacht und haben den ersten Wert abgelesen.

02 Dann hun miä dän Dennisball ins Wossä geduckd un hun dän zwäide Ward ogelassd.
Dann haben wir den Tennisball in das Wasser (ein-)getaucht und den zweiten Wert abgelesen.

03 Dä zwäide Ward is grössär bië dä örschde Ward.
Der zweite Wert ist größer als der erste Wert.

04 Dos Volume vun dän Dennisball wörd errächäd, indem mä dän örschde Ward vun dän zwäide Ward ozüchd.
Das Volumen des Tennisballs wird errechnet, indem man den ersten Wert von dem zweiten Wert abzieht.

05 Di Formel is Vau gläich Vau zwei minus Vau eins.
Die Formel ist V = V2-V1

06 Dos Volume vun dän Dennisball is ... Millilidä.
Das Volumen von dem Tennisball ist ... Milliliter.

Inhaltlich würde der Beitrag die Erwartungen der Lehrkraft (s. Abbildung 8) in vollem Umfang erfüllen, sprachlich nutzt Anne eine überwiegend dialektnahe Sprechweise, die von der Lehrkraft bereits antizipiert worden ist. Neben lautlichen Differenzen gegenüber dem standardsprachlich orientierten Erwartungshorizont fallen v.a. drei lexikalisch-semantische Unterschiede auf: Anne verwendet *Mässbächä* für *Messgefäß*, *vollgemoächd* statt *befüllt* und *geduckd* für *getaucht*. Weitere deutliche Differenzen bestehen in der

64 Hennebergisch wird im nordwestlichen Teil des ostfränkischen Dialektgebietes, d.h. in Südthüringen, gesprochen.

65 Im Gegensatz zu den anderen Beispielen in diesem Band handelt es sich hierbei nicht um eine transkribierte Unterrichtssequenz. Stattdessen wurde das Beispiel von Marion Döll mit Hilfe weiterer Sprecher_innen des Hennebergischen erstellt. Diese wurden gebeten, den Vorgang der Volumenbestimmung im Dialekt zu beschreiben. Die Beschreibung wurde aufgenommen, transkribiert und einem weiteren, jedoch jüngeren Sprecher des Hennebergischen vorgelegt, der zur Einschätzung kam, dass der dargestellte Sprachgebrauch auch unter Jugendlichen in der Region üblich sei. Das Beispiel kann somit als quasi-authentisch gelten.

Morphologie und Phonologie der Verben (*ogelassd* für *abgelesen*, *errächäd* für *errechnet* und *ozücht* für *abzieht*), darüber hinaus fällt der Ersatz des Genitivs (*des Tennisballs*) bzw. des Dativs mit von (*von dem Tennisball*) durch *von + Akkusativ* (*vun dän Dennisball*) auf. Auffällig ist auch die Verwendung der eher standard- und bildungssprachlichen Konjunktion *indem* in Z 04, die im Hennebergischen bzw. allgemein in der gesprochenen Sprache eher unüblich ist und mutmaßlich durch den schulischen Kontext evoziert wurde.

Für Mitschüler_innen mit noch gering ausgeprägten rezeptiven Fähigkeiten im Hennebergischen können entlang der skizzierten Differenzen beträchtliche Verständnisschwierigkeiten entstehen, die im weiteren Unterrichtsverlauf durch die Lehrkraft oder auch Mitschüler_innen z.B. in Form von Reformulierungen abgebaut werden können. Im Zuge dessen sollten auch die semantischen Unterschiede zwischen *Mässbächä/Messzylinder* und *vollgemoächd/befüllt* bearbeitet werden. Im Übergang zur standardnahen Schriftproduktion ist mit Blick auf den Erwartungshorizont weiterhin darauf zu achten, Anne bei Bedarf bei der Verwendung von Dativ- und Genitivkonstruktionen zu unterstützen. Ebenso wie einige Mitschüler_innen, die noch am Anfang des Deutscherwerbs stehen, könnte auch Anne durch lexikalische Hilfsmittel und Mustersätze unterstützt werden, die die Lehrkraft im Sinne eines „Überangebots“ an sprachlichen Mitteln (Gogolin et al., 2011b) zur Verfügung stellt (s. Abbildung 9).

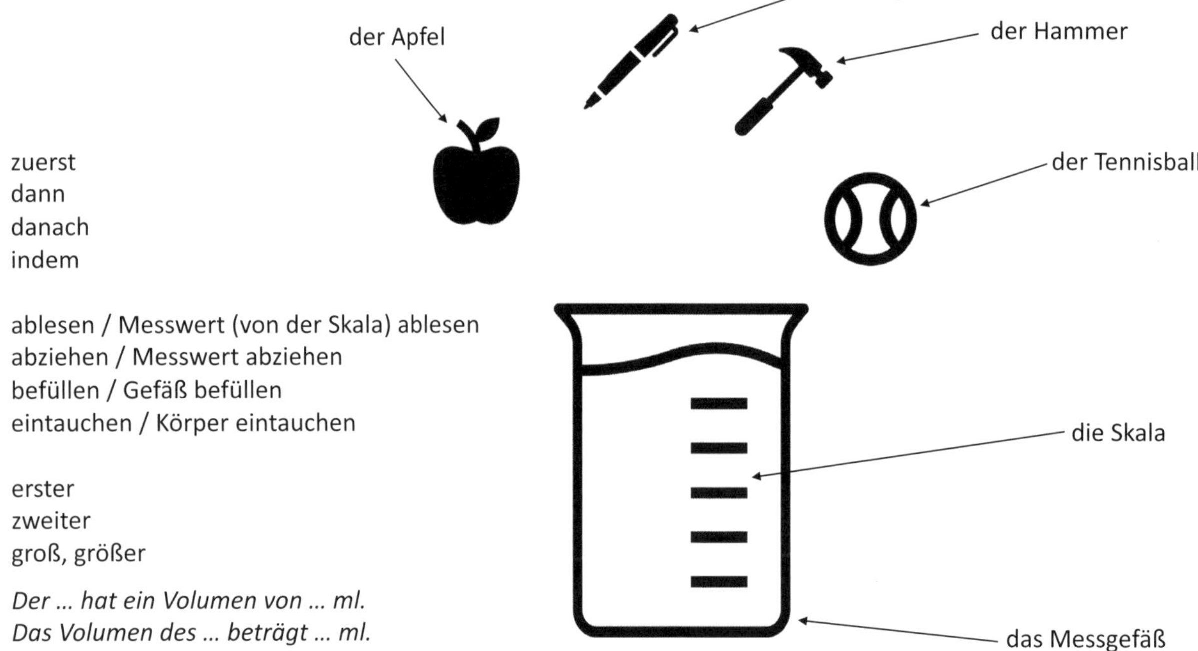

Abbildung 9: Lexikalische Hilfsmittel und Mustersätze zu Messung des Volumens von verschiedenen Körpern (eigene Darstellung)

6.3 Methoden, Ideen und Vorschläge für den Deutsch- und DaZ-Unterricht

Über die Berücksichtigung der o.g. fünf Leitfragen hinaus kann Deutsch- und DaZ-Unterricht genutzt werden, sich aktiv der Rezeption, aber auch der Produktion von Nonstandardvarianten und -varietäten zuzuwenden. Besonders die kontrastive Auseinandersetzung mit Variation ist im deutschsprachigen Raum etabliert (Kaiser & Ender, 2020) und internationale Studien zeigen, dass sich ein Unterricht, der das Bewusstsein der Schüler_innen für Variationsgebrauch schärft, positiv auf die literalen Kompetenzen (in der Standardsprache) der Kinder und Jugendlichen auswirken kann (Johnson, Terry, Connor & Thomas-Tate, 2017).

Konzepte und Unterrichtsmaterialien zur Variation des Deutschen adressieren überwiegend Schüler_innen der Sekundarstufe (Kaiser & Ender, 2020). Die explizit für Deutsch als Zweitsprache erwerbende Jugendliche entwickelten Arbeitsmaterialien „DaZUgeHÖREN. Südtiroler Dialekt von Jugendlichen für Jugendliche." (Gurschler & Tscholl, 2015) beispielsweise bieten zahlreiche methodische Anregungen im Unterricht (s. Beispiele in den Abbildungen 10 bis Abbildung 12). Die im Material verwendeten Audioaufnahmen können außerhalb Südtirols durch Aufnahmen von Freund_innen und Familienmitgliedern ersetzt werden. Darüber hinaus könnten beispielsweise Lernplakate zu Differenzen zwischen Standardsprache und regional üblichen Nichtstandardvarietäten (z.B. bei der Verwendung von Dativ und Akkusativ) erarbeitet werden.

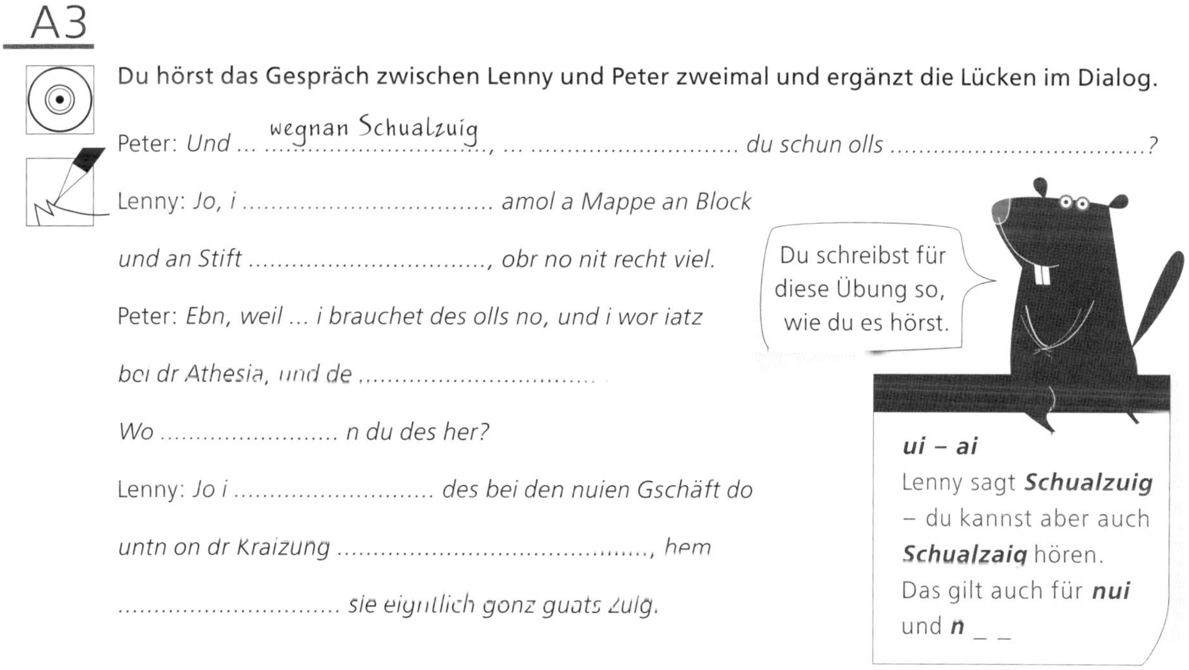
A3

Du hörst das Gespräch zwischen Lenny und Peter zweimal und ergänzt die Lücken im Dialog.

Peter: *Und ... wegnan Schualzuig, ... du schun olls ....?*

Lenny: *Jo, i .... amol a Mappe an Block und an Stift ...., obr no nit recht viel.*

Peter: *Ebn, weil ... i brauchet des olls no, und i wor iatz bei dr Athesia, und de ....*

Wo .... n du des her?

Lenny: *Jo i .... des bei den nuien Gschäft do untn on dr Kraizung ...., hem .... sie eigntlich gonz guats Zuig.*

Abbildung 10: Lückentextaufgabe im Südtiroler Dialekt (aus Gurschler & Tscholl, 2015, S. 14)

Wie spät ist es? Du zeichnest den Minutenzeiger ein.

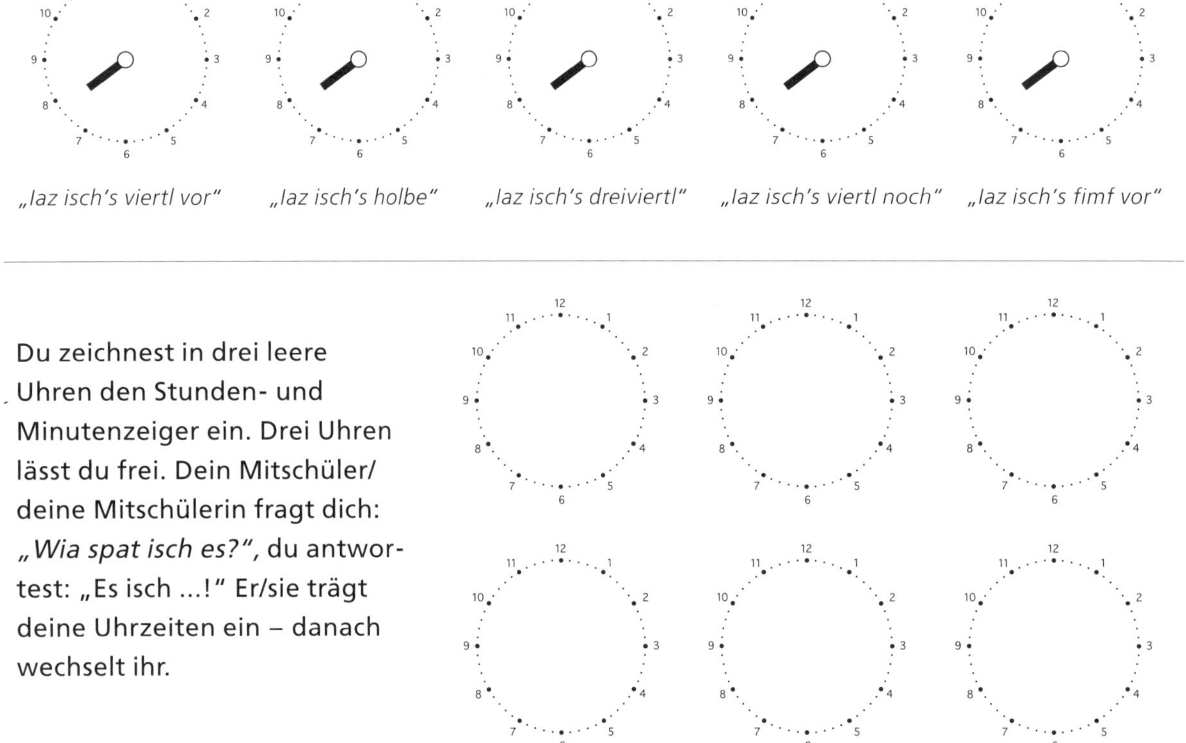

Abbildung 11: Aufgabe zum Sprechen über Uhrzeiten im Südtiroler Dialekt (aus Gurschler & Tscholl, 2015, S. 15)

Du hörst das Gespräch der Mädchen aus Bruneck dreimal (Dialog 13). Sie haben in ihren Familien Muttertag gefeiert. Wer hat was getan? Du machst Notizen und schreibst so, wie du hörst. Ihr Vergleicht eure Ergebnisse in der Klasse.

	Ich	Geschwister	Vater	alle zusammen
Sprecher/in 1	Friahstick gimocht ...	Friahstick gimocht ...		
Sprecher/in 2				

Über Vergangenes sprechen:

i ...... Friahstick gimocht, i ...... Kino gongen. *I bin oder i hon?* Welches Hilfsverb setzt du ein? Wie im Standarddeutschen verwendest du bei Verben der Bewegung .... , bei den meisten .... Mit welchem Hilfsverb stehen ***inschlofn*** und ***auwochn?***

Abbildung 12: Hörübung zum Südtiroler Dialekt (aus Gurschler & Tscholl, 2015, S. 22)

Für den Deutschunterricht mit Sekundarstufenschüler_innen, die bereits über fortgeschrittene Kompetenzen im Dialekt-Standard-Kontinuum verfügen, legen Kaiser und Ender (2020, S. 252ff.) ein Modell vor, mit dem die Einflussfaktoren und Funktionen situativer Sprachvariation herausgearbeitet werden können (s. Abbildung 13). Das Modell versteht sich als Reflexions- und Diskussionsgrundlage für den Unterricht und lädt dazu ein, einzelne Faktoren (z.B. Produzent_in, Adressat_in usw.) zu besprechen, oder auch das situative Zusammenspiel mehrerer Faktoren in den Blick nehmen, z.B. in Stationenbetrieb oder Projektarbeit (Kaiser & Ender, 2020, S. 254).

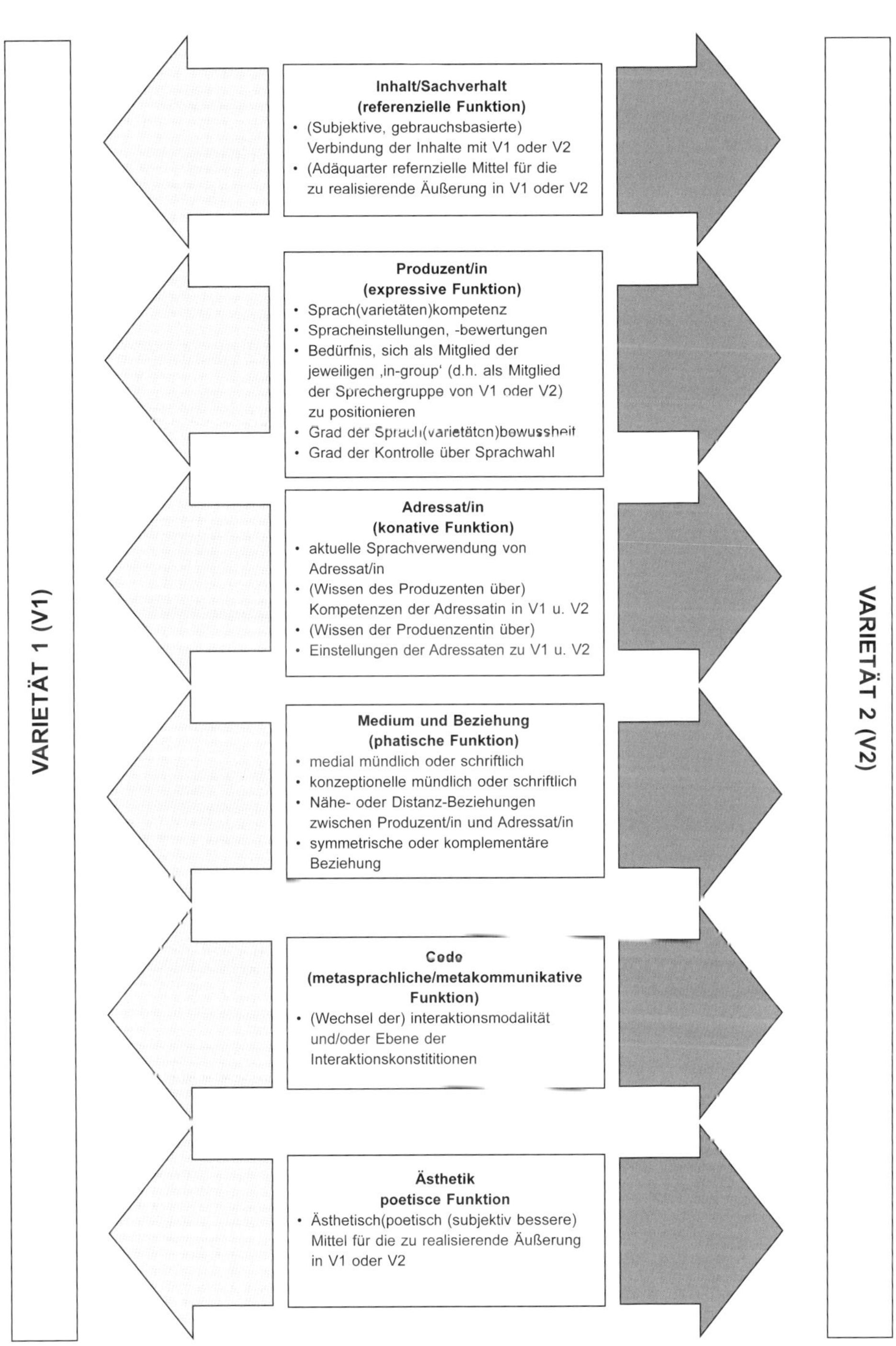

Abbildung 13: Modell der Einflussfaktoren und Funktionen situativer Sprachvariation (Kaiser & Ender, 2020, S. 253)

Methoden – Ideen und Vorschläge für den Regelunterricht anderer Fächer

Zur Frage, welche Methoden im sprachbewussten Unterricht Verwendung finden können, sind in den letzten Jahren zahlreiche Handreichungen u.ä. publiziert worden. Einen sehr guten Überblick bietet der „Methodenpool für sprachsensiblen Fachunterricht", den das Mercator-Institut für Sprachförderung und Deutsch als Zweitsprache online zur Verfügung stellt.[66] Neben den dort angeführten Methoden, die Muster bzw. Vorlagen geben, Verständnis sichern und sprachliche Phänomene analytisch sichtbar machen (jeweils im Deutschen), kann selbstverständlich auch in den Familiensprachen und -varietäten der Schüler_innen gearbeitet werden, z.B.:

- Wortgeländer mit standardsprachlichen Begriffen und regional gebräuchlichen nicht standardsprachlichen Entsprechungen
- Domino mit im Fachunterricht benötigten standardsprachlichen Wendungen und regional gebräuchlichen nicht standardsprachlichen Entsprechungen (Ransmayr, 2018, S. 109; vgl. auch die DaF/DaZ-Dominospiele von Irmgard Graf-Gutfreund[67])
- Klassen-Wiki zu standardsprachlichen Begriffen und Wendungen und den regional gebräuchlichen nicht standardsprachlichen Entsprechungen
- Erweiterung eines Lernjournals um Aspekte des Dialekt-Standard-Kontinuums (s. Abbildung 14)

66 https://www.mercator-institut-sprachfoerderung.de/de/publikationen/material-fuer-die-praxis/methodenpool/ [Zugriff am 04.02.2021]

67 Die bilingualen DaF/DaZ-Dominospiele von Irmgard Graf-Gutfreund konnten bis Sommer 2020 von http://www.graf-gutfreund.at/ heruntergeladen werden, stehen aber derzeit nicht zur Verfügung. Bei Interesse an den Unterlagen kann über die Webseite jedoch mit der Autorin Kontakt aufgenommen werden.

Nach jeder Lerneinheit eine Seite für Deine persönlichen Gedanken!

Wie war's?	++ / + / - / --
Interessant war für mich:	Wasser aus Seen verdunstet und kommt als
	Regen wieder auf die Erde.
Dazugelernt habe ich:	Wolken bestehen aus vielen kleinen Tröpfchen.
über Sprache habe ich	Wenn Frau Krichling sagt „es ränt", dann meint
gelernt:	sie „es regnet". zu Tröpfchen sagt man nicht
	Bläschen, man sagt „verdunsten", aber nicht „vergasen"
Überflüssig fand ich:	nichts
Wofür wir uns mehr Zeit	mehr solche Experimente
nehmen sollten:	
Was ich mir vornehme:	beim Duschen Wasser sparen
Datum: 04.06.2020	Thema: Wasserkreislauf

Das Lernjournal gehört dir.

- Dein_e Lehrer_in darf es ohne deine Erlaubnis nicht einsehen.
- Wenn du willst und danach gefragt wirst, kannst du am Ende der Stunde daraus vorlesen.
- Am Semesterende wirst du es brauchen, um zusammenzufassen, welche Stunden für dich die besten waren und was du Neues gelernt hast.

Abbildung 14: Lernjournal für die Primarstufe und Sekundarstufe I (Beispiel in Anlehnung an Stern, 2010, S. 56)

7. Ausblick

Der vorliegende FörMig-Materialband ist der Versuch, erstmals auf eine systematische Art und Weise die Variation des Deutschen für Sprachförderung und sprachliche Bildung an Schulen der deutschsprachigen Länder fruchtbar zu machen. Obwohl sprachliche Variation, vor allem das Dialekt-Standard-Kontinuum bzw. -Spektrum, ein sehr prägnantes Merkmal des Deutschen ist und auch vor den Deutschlernenden „nicht Halt macht", wurde ihre Bedeutung für die Lehr- und Lernprozesse im deutschsprachigen Unterricht kaum in den Blick genommen. Unseres Erachtens ist die Variation im Sprachgebrauch, auch an Schulen, derart stark verankert, dass sich erwiesen hat, dass die Forderung der 1970er und 1980er-Jahre, man solle den Dialekt an Schulen abschaffen, unrealistisch war. Wir gehen eher davon aus, dass sprachliche Variation immer in der einen oder anderen Form, man denke etwa an Jugendsprachen, diverse Jargons und Fachsprachen, existieren wird, und sind der Meinung, dass ein akzeptierender und reflektierter Umgang damit entwickelt werden sollte, wie wir ihn im „Unterrichtsprinzip kritisch-reflexiver Variationsgebrauch" skizzieren. Dies erscheint umso wichtiger, wenn bedacht wird, dass Kinder und Jugendliche, die sich im Prozess der Aneignung des Deutschen befinden, nicht außerhalb der Gesellschaft, in der sprachliche Variation zum Alltag gehört, leben, sondern „mittendrin" sind. Es gilt, diese Schüler_innen bestmöglich darin zu unterstützen, in dieser Gesellschaft sprachlich handlungsfähig zu werden bzw. weiterhin zu bleiben. Dennoch ist unser Materialband kein Buch für die Vermittlung von Jugendsprachen, Regiolekten, Soziolekten, Dialekten u.ä. geworden, sondern eher eines, das den Weg zum Umgang mit der Heterogenität des Deutschen anzubahnen ermöglicht. Uns ist außerdem bewusst und wichtig, dass in den geografischen Gebieten, in denen Deutsch die dominante Sprache darstellt, viele andere Sprachen gesprochen werden, nämlich die der autochthonen Minderheiten, Migrant_innen und Geflüchteten. Auf diese Vielfalt konnten wir aus Platzgründen nicht eingehen. Wir hoffen, dass sich die wissenschaftlichen, öffentlichen und (bildungs-)institutionellen Diskurse und Regelungen in eine Richtung entwickeln, in der ein stärkerer Einbezug dieser Sprachen und damit des migrationsgesellschaftlichen Dialekt-Standard-Kontinuums in den Schulunterricht möglich werden wird, um die sprachlichen Zugänge von Schüler_innen in ihrer Gänze zu berücksichtigen.

Quellen

Ahrenholz, Bernt & Oomen-Welke, Ingelore (2017). Deutsch als Zweitsprache (Deutschunterricht in Theorie und Praxis, 4. vollst. überarb. & erw. Auflage). Baltmannsweiler: Schneider Verlag.

Ammon, Ulrich, Bickel, Hans & Lenz, Alexandra N. (2016). Variantenwörterbuch des Deutschen. Berlin, Boston: De Gruyter.

Androutsopoulos, Jannis (2001). Ultra korregd Alder!: Zur medialen Stilisierung und Aneignung von „Türkendeutsch". Deutsche Sprache 29, 321–339.

Bürgerrechtsgesetz, BÜG (2013). „Eignung" im „Bundesgesetz über Erwerb und Verlust des Schweizer Bürgerrechts", Art. 14.

Auer, Peter (1986). Konversationelle Standard/Dialekt-Kontinua (Code-Shifting). Deutsche Sprache 14, 97–124.

Auer, Peter (2003). „Türkenslang": ein jugendsprachlicher Ethnolekt des Deutschen und seine Transformationen. In Annelies Häcki Buhofer & Lorenz Hofer (Hrsg.), Spracherwerb und Lebensalter (Basler Studien zur deutschen Sprache und Literatur 83) (S. 255–264). Tübingen: Francke.

Auer, Peter (2010). Zum Segmentierungsproblem in der Gesprochenen Sprache. InLiSt 49. Verfügbar unter http://www.inlist.uni-bayreuth.de/issues/49/InList49.pdf [Zugriff am 12.01.2021.]

Auer, Peter (2014). Anmerkungen zum Salienzbegriff in der Soziolinguistik. Linguistik online 66/4, 7–20.

Azimova, Nigora & Johnston, Bill (2012). Invisibility and Ownership of Language: Problems of Representation in Russian Language Textbooks. The Modern Language Journal, 96, 337–349.

Bachmann, Albert, Schwyzer, Eduard, Gröger, Otto, Staub, Friedrich & Tobler, Ludwig (Hrsg., ca. 2013). Schweizerisches Idiotikon: Wörterbuch der schweizerdeutschen Sprache. Frauenfeld: Huber.

Barbour, Stephen & Stevenson, Patrick (1998). Variation im Deutschen. Soziolinguistische Perspektiven. Berlin, New York: de Gruyter.

Barkowski, Hans & Krumm, Hans-Jürgen (Hrsg./2010). Fachlexikon Deutsch als Fremd- und Zweitsprache. Tübingen, Basel: A. Francke.

Berthele, Raphael (2010). Dialekt als Problem oder Potenzial? Überlegungen zur Hochdeutschoffensive in der deutschen Schweiz aus Sicht der Mehrsprachigkeitsforschung. In Franziska Bitter Bättig & Albert Tanner (Hrsg.), Sprachen lernen – durch Sprache lernen (S. 37–52). Zürich: Seismo.

Besch, Werner (o.J./1972). Dialekt als Barriere bei der Erlernung der deutschen Standardsprache. Verfügbar unter https://core.ac.uk/download/pdf/83651445.pdf [Zugriff am 01.07.2019].

Bickel, Hans & Landolt, Christoph (Hrsg., 2018). Schweizerhochdeutsch: Wörterbuch der Standardsprache in der deutschen Schweiz. Berlin: Dudenverlag.

Blaschitz, Verena, Perner, Kevin R., Grabenberger, Hanna, Weichselbaum, Maria, Dirim, İnci & Templ, Viktoria (2020). Die Aneignung von Deutsch als Zweitsprache im Dialekt-Standard-Kontinuum. Zielsprache Deutsch, 47(2), 3–20.

BMBWF: Lehrpläne österreichischer Schulen. Verfügbar unter https://www.bmbwf.gv.at/Themen/schule/schulpraxis/lp.html. [Zugriff am 06.01.2020].

Bonfiglio, Thomas P. (2010). Mother Tongues and Nations. The invention of the native speaker. New York: de Gruyter Mouton.

Bourdieu, Pierre (1982/2015). Was heißt sprechen? Die Ökonomie des sprachlichen Tausches. Wien: Braumüller, S. 11–70.

Bourdieu, Pierre (1990). Was heißt sprechen? Zur Ökonomie des sprachlichen Tauschs. Wien.

Buchner, Elisabeth & Elspaß, Stephan (2018). Varietäten und Normen im Unterricht. Wahrnehmungen und Einstellungen von Lehrpersonen an österreichischen Schulen. In Monika Dannerer & Ursula Esterl (Hrsg.), IDE 42/4. Normen und Variation. Zur Rolle der Normierung in der mündlichen Sprachverwendung (S. 70–81). Innsbruck: StudienVerlag.

Bucholtz, Mary (2003). Sociolinguistic Nostalgia and the Authentication of Identity. Journal of Sociolinguistics 7(3), 398–416.

Busch, Brigitta (20172). Mehrsprachigkeit. Wien: Facultas Verlag.

Bußmann, Hadumod (20084). Lexikon der Sprachwissenschaft. Stuttgart: Kröner Verlag.

Dannerer, Monika (2017). Gesprochene Sprache – Besonderheiten und Komplexität. In Bifie (2017), Praxishandbuch für den Kompetenzbereich „Sprechen“. Deutsch, Sekundarstufe I (S. 15–24). Graz: Bifie. Verfügbar unter https://www.bifie.at/wp-content/uploads/2017/12/Praxishandbuch_Sprechen_final_web.pdf [Zugriff: 16.02.2021]

Dannerer, Monika (2018). Sprachwahl, Sprachvariation und Sprachbewertung an der Universität. In Arnulf Deppermann & Silke Reineke (Hrsg.), Sprache im kommunikativen Interaktiven und kulturellen Kontext (S. 169–192). Berlin, Boston: de Gruyter (= Germanistische Sprachwissenschaft um 2020).

Dannerer, Monika (2019). Die Universität als Vorbild / Spiegelbild / Zerrbild für Spracheinstellungen und Sprachgebrauch heute? In Ludwig M. Eichinger & Albrecht Plewnia (Hrsg.), Neues vom heutigen Deutsch. Empirisch – methodisch – theoretisch. Jahrbuch des Instituts für Deutsche Sprache 2018 (S. 121–140). Berlin, Boston: de Gruyter.

Dannerer, Monika & Mauser, Peter (2018). Innere und äußere Mehrsprachigkeit in Bildungsinstitutionen – vom Nutzen einer übergreifenden Perspektive. In Monika Dannerer & Peter Mauser (Hrsg.), Formen der Mehrsprachigkeit in sekundären und tertiären Bildungskontexten. Verwendung, Rolle und Wahrnehmung von Sprache und Varietäten (S. 9–26). Tübingen: Stauffenburg.

Dannerer, Monika & Vergeiner, Philip (2019). (Un)Sicherheit, (In)Konsistenz und vielerlei Maß. Zur Form und Aussagekraft von (Sprach-) Normformulierungen in Interviews. Zeitschrift für Germanistische Linguistik 47(3), 483–506.

de Cillia, Rudolf & Ransmayr, Jutta (2019). Österreichisches Deutsch macht Schule. Bildung und Deutschunterricht im Spannungsfeld von sprachlicher Variation und Norm. Wien u.a.: Böhlau.

Deppermann, Arnulf & Helmer, Henrike (2013). Standard des gesprochenen Deutsch: Begriff, methodische Zugänge und Phänomene aus interaktionslinguistischer Sicht. In Jörg Hagemann, Wolf Peter Klein & Sven Staffeldt (Hrsg.), Pragmatischer Standard. Stauffenburg Linguistik (73) (S. 111–141). Tübingen: Stauffenburg Verlag.

Diehm, Isabel, Kuhn, Melanie & Machold, Claudia (Hrsg., 2017). Differenz – Ungleichheit – Erziehungswissenschaft. Heidelberg.: Springer.

Dirim, İnci (1998). „Var mı lan Marmelade?“ – Türkisch-deutscher Sprachkontakt in einer Grundschulklasse. Münster: Waxmann.

Dirim, İnci (2013). „Ich schäme mich etwas zu sagen, weil ich zu viele Fehler mache". Überlegungen zum integrierten Umgang mit Deutsch als Zweitsprache und Mehrsprachigkeit in der akademischen Lehre. In Birgit Springsits, Peter Clar & Markus Greulich (Hrsg.), Zeitgemäße Verknüpfungen (S. 408–425). Wien: Böhlau.

Dirim, İnci (2016). Sprachverhältnisse. In Paul Mecheril (Hrsg.), Handbuch Migrationspädagogik (S. 311–325). Opladen: Beltz.

Dirim, İnci & Auer, Peter (2004). Türkisch sprechen nicht nur die Türken. Über die Unschärfe zwischen Sprache und Ethnie. Berlin: de Gruyter. Verfügbar unter http://www.degruyter.com/search?f_0=isbnissn&q_0=9783110919790&searchTitles=true. [Zugriff am 24.1.2021]

Dirim, İnci & Knappik, Magdalena (2014). Kiezdeutsch als Mimikry? Positionierende Ko-Konstruktionen durch Jugendliche und WissenschaftlerInnen. In Paul Mecheril (Hrsg.), Subjektbildung: Interdisziplinäre Analysen der Migrationsgesellschaft (S. 223–238). Bielefeld: Transcript Verlag.

Dittmar, Norbert & Schmidt-Regener, Irena (2001). Soziale Varianten und Normen. In Gerhard Helbig, Lutz Götze, Gert Henrici & Hans-Jürgen Krumm (Hrsg.), Handbuch Deutsch als Fremdsprache. 1. Halbband (S. 520–532). Berlin, New York: Walter de Gruyter.

Döll, Marion (2012). Beobachtung der Aneignung des Deutschen bei mehrsprachigen Kindern und Jugendlichen. Münster: Waxmann.

Döll, Marion & Reich, Hans H. (2013a). Niveaubeschreibungen Deutsch als Zweitsprache für die Primarstufe. Radebeul: Sächsisches Bildungsinstitut.

Döll, Marion & Reich, Hans H. (2013b). Niveaubeschreibungen Deutsch als Zweitsprache für die Sekundarstufe I. Radebeul: Sächsisches Bildungsinstitut.

Döll, Marion & Saalmann, Wiebke (2021). Diagnosegestützte sprachliche Bildung mit den Niveaubeschreibungen Deutsch als Zweitsprache. In: ÖDaF-Mitteilungen, 1/2021, 92–101.

Dretzke, Burkhard (2006). Ausspracheschulung im Fremdsprachenunterricht. In Udo O. H. Jung (Hrsg.), Praktische Handreichung für Fremdsprachenlehrer (S. 132–140). Frankfurt a. M.: Peter Lang.

Duden Rechtschreibung gestern und heute. Verfügbar unter https://www.duden.de/ueber_duden/geschichte-der-rechtschreibung [Zugriff am 27.01.2021]

Duindam, Tom, Konak, Ömer & Kamphuis, Frans (2010). Sprachtest. Wissenschaftlicher Bericht. Butzbach: Cito Deutschland GmbH. Verfügbar unter https://files.itcms.de/primo/wbericht_cito.pdf [16.08.2021]

Dürscheid, Christa, Elspaß, Stephan & Ziegler, Arne (2018). Variantengrammatikdes: Ein Online-Nachschlagewerk. Verfügbar unter http://www.variantengrammatik.net/projektseite.html [Zugriff am 21.07.2020]

Ebner, Jakob (2008). Österreichisches Deutsch. Eine Einführung. Mannheim u.a.: Dudenverlag.

Ebner, Jakob (2009). Duden: Wie sagt man in Österreich?: Wörterbuch des österreichischen Deutsch (Duden). Mannheim & Wien: Dudenverlag.

Eichinger, Ludwig M., Gärtig, Anne-Katrin, Plewnia, Albrecht, Roessel, Janin, Rothe, Astrid, Rudert, Selma, Schöl, Christiane, Stahlberg, Dagmar & Sticke, Gerhard (2009). Aktuelle Spracheinstellungen in Deutschland. Erste Ergebnisse einer bundesweiten Repräsentativumfrage. Mannheim: Institut für Deutsche Sprache und Universität Mannheim.

Elsen, Hilke (2013). Wortschatzanalyse. Tübingen, Basel: A. Francke Verlag.

Elspaß, Stephan (2005). Standardisierung des Deutschen. Ansichten aus der neueren Sprachgeschichte ‚von unten'. In Ludwig M. Eichinger & Werner Kallmeyer (Hrsg.), Standardvariation: Wie viel Variation verträgt die deutsche Sprache? (S. 63–99). Berlin, New York: de Gruyter.

Elspaß, Stephan & Möller, Robert (2003ff.). „Atlas zur deutschen Alltagssprache". Verfügbar unter http://www.atlas-alltagssprache.de/ [Zugriff am 27.01.2021]

Ender, Andrea & Kaiser, Irmtraud (2009). Zum Stellenwert von Dialekt und Standard im österreichischen und Schweizer Alltag. Ergebnisse einer Umfrage. Zeitschrift für Germanistische Linguistik 39(2), 266–295.

Ender, Andrea & Kaiser, Irmtraud (2014). Diglossie oder Dialekt-Standard-Kontinuum? Zwischen kollektiver, individueller, wahrgenommener und tatsächlicher Sprachvariation in Vorarlberg und im bairischsprachigen Österreich. In Dominique Huck (Hrsg.), Alemannische Dialektologie: Dialekte im Kontakt. Beiträge zur 17. Arbeitstagung für alemannische Dialektologie in Straßburg vom 26.–28.10.2011 (= Zeitschrift für Dialektologie und Linguistik; Beihefte 155) (S. 131–146). Stuttgart: Steiner.

Ender, Andrea, Wei, Li & Straßl, Katharina (2007). Das Projekt „Deutsch als Zweitsprache in Dialektumgebung". Linguistik online 32(3), 25–36.

Ender, Andrea, Kasberger, Gudrun & Kaiser, Irmtraud (2017). Wahrnehmung und Bewertung von Dialekt und Standard durch Jugendliche mit Deutsch als Erst- und Zweitsprache. ÖDaF-Mitteilungen, 1(33), 97–110.

Fairclough, Norman (1992). Critical language awareness. London, New York: Routledge.

Feilke, Helmuth (2012). Bildungssprachliche Kompetenzen – fördern und entwickeln. Praxis Deutsch, 39, 4–13.

Fiehler, Reinhard, Barden, Birgit & Elstermann, Mechthild (2004). Eigenschaften gesprochener Sprache (Studien zur deutschen Sprache). Verfügbar unter https://elibrary.narr.digital/book/99.125005/9783823370277.

Fröhlich, Lisanne, Döll, Marion & Dirim, İnci (2014). Unterrichtsbegleitende Sprachstandsbeobachtung Deutsch als Zweitsprache in Österreich. Wien. bmbf.

Fuchs, Eva N. & Elspaß, Stephan (2019). Innere und äußere Mehrsprachigkeit an österreichischen Schulen: Ein Projektbericht zu Wahrnehmungen und Einstellungen. Teil I. Verfügbar unter https://eplus.uni-salzburg.at/obvusboa/download/pdf/4375948?originalFilename=true. (12.03.2020).

Fürstenau, Sara & Niedrig, Heike (2011). Die kultursoziologische Perspektive Pierre Bourdieus: Schule als sprachlicher Markt. In Sara Fürstenau & Mechtild Gomolla (Hrsg.), Migration und schulischer Wandel: Mehrsprachigkeit (S. 69–87). Wiesbaden: Verlag für Sozialwissenschaften.

Glantschnig, Melanie (2011). Möglichkeiten und Grenzen eines dialektorientierten Grammatikunterrichts. In Peter Klotz & Peter Sieber (Hrsg.), Vielerlei Deutsch. Umgang mit Sprachvarietäten in der Schule (S. 223–243). Stuttgart: Klett.

Glauninger, Manfred Michael (2013). Deutsch im 21. Jahrhundert: „pluri"-, „supra"- oder „postnational"? In Doris Sava & Hermann Scheuringer

(Hrsg.), Dienst am Wort. Festschrift für Ioan Lazarescu zum 60. Geburtstag (= Forschungen zur deutschen Sprache in Mittel-, Ost- und Südosteuropa 3) (S. 123–132). Passau: Stutz.

Glück, Alexander & Leonardi, Mara M. V. (2019). Zur Verwendung von Präpositionen in Texten und Diskursen von Südtiroler Maturanten. In Sebastian Kürschner, Mechthild Habermann & Peter O. Müller (Hrsg.), Methodik moderner Dialektforschung: Erhebung, Aufbereitung und Auswertung von Daten am Beispiel des Oberdeutschen (Germanistische Linguistik) (S. 445–470). Hildesheim u.a.: Olms.

Glück, Helmut & Rödel, Michael (2016). Metzler Lexikon Sprache. Stuttgart: J. B. Metzler.

Gogolin, Ingrid (1988). Erziehungsziel Zweisprachigkeit. Konturen eines sprachpädagogischen Konzepts für die multikulturelle Schule. Hamburg: Helbig.

Gogolin, Ingrid, Dirim, İnci, Klinger, Thorsten, Lange, Imke, Lengyel, Drorit, Michel, Ute, Neumann, Ursula, Reich Hans H., Roth, Hans-Joachim & Schwippert, Knut (2011a). Förderung von Kindern und Jugendlichen mit Migrationshintergrund FörMig. Bilanz und Perspektiven eines Modellprogramms. Münster u.a.: Waxmann.

Gogolin, Ingrid & Lange, Imke (2011): Bildungssprache und Durchgängige Sprachbildung. In Sara Fürstenau & Mechtild Gomolla (Hrsg.), Migration und schulischer Wandel: Mehrsprachigkeit (S. 107–127). Wiesbaden: VS Verlag für Sozialwissenschaften.

Gogolin, Ingrid, Lange, Imke, Hawighorst, Britta, Bainski, Christiane, Heintze, Andreas, Rutten, Sabine, Saalmann, Wiebke, FörMig AG Durchgängige Sprachbildung (2011b): Durchgängige Sprachbildung. Qualitätsmerkmale für den Unterricht. Münster: Waxmann.

Grabenberger, Hanna (2018). Aushandlung des fachsprachlichen Wortschatzes im Dialekt-Standard-Kontinuum. Eine Teilnehmende Beobachtung im Unterricht unter Berücksichtigung von Schüler*innen mit Deutsch als Zweitsprache. Unveröff. Diplomarbeit. Universität Wien. Verfügbar unter http://othes.univie.ac.at/51992/1/54449.pdf [Zugriff am 02.07.2019]

Gurschler, Michael & Tscholl, Evi R. (2015). DaZUgeHÖREN. Südtiroler Dialekt von Jugendlichen für Jugendliche. Arbeitsmaterialien zum Südtiroler Dialekt. Bozen: Autonome Provinz Bozen – Deutsches Bildungsressort. Verfügbar unter http://www.provinz.bz.it/bildung-sprache/didaktik-beratung/sprachenzentren-centri-linguistici/1011.asp?publ_action=300&publ_image_id=489455 [Zugriff am 04.06.2020]

Hagemann, Jörg, Klein, Wolf P. & Staffeldt, Sven (Hrsg./2013). Pragmatischer Standard (Stauffenburg Linguistik 73). Tübingen: Stauffenburg-Verlag.

Hägi, Sara (2007) Bitte mit Sahne/Rahm/Schlag: Plurizentrik im Deutschunterricht. Fremdsprache Deutsch Heft 37 (Plurizentrik im Deutschunterricht), 5–13.

Hägi-Mead, Sara & Schweiger, Hannes (Hrsg., 2020). Weitergedacht. Das DACH-Prinzip in der Praxis. Göttingen: Universitätsverlag.

Hall, Stuart (1992). The West and the rest: discourse and power. In Stuart Hall & Bram Gieben (Hrsg.), Formations of modernity (S. 275–331). Cambridge: Polity Press.

Hennig, Mathilde (2000). Tempus und Temporalität in geschriebenen und gesprochenen Texten (Linguistische Arbeiten 421). Tübingen: Niemeyer. Verfügbar unter http://search.ebscohost.com/login.aspx?direct=true&scope=site&db=nlebk&db=nlabk&AN=674086.

Herrgen, Joachim & Schmidt, Jürgen Erich (1985). Systemkontrast und Hörerurteil. Zwei Dialektalitätsbegriffe und ihre entsprechenden Messverfahren. Zeitschrift für Dialektologie und Linguistik 52(1), 20–42.

Hobusch, Anna, Lutz, Nevin & Wiest, Uwe (2016). Sprachstandsüberprüfung und Förderdiagnostik (SFD). Testverfahren für Grundschulkinder mit Deutsch als Erst- und Zweitsprache. Hamburg: Persen.

Hochholzer, Rupert (2004). Konfliktfeld Dialekt. Das Verhältnis von Deutschlehrerinnen und Deutsch-lehrern zu Sprache und ihren regionalen Varietäten. Regensburg: Ed. Vulpes.

Holliday, Adrian (2006). Native-speakerism. ELT Journal 60(4), 385–387.

Holliday, Adrian (2009). English as a Lingua Franca, 'Non-native Speakers' and Cosmopolitan Realities. In Farzad Sharifian (Hrsg.), English as an International Language. Perspectives and Pedagogical Issues (S. 21–33). Bristol, Buffalo, Toronto: Mulitlingual Matters.

Husserl, Edmund (1954). Die Krisis der europäischen Wissenschaften und die transzendentale Phänomenologie (Husserliana Band VI). Den Haag: Biemel Walter.

Janle, Frank & Klausmann, Huberg (2020). Dialekt und Standardsprache in der Deutschdidaktik. Eine Einführung. Tübingen: Narr, Francke, Attempto.

Jeuk, Stefan (2015). Deutsch als Zweitsprache in der Schule. Grundlagen – Diagnose – Förderung (3. Aufl.). Stuttgart: Kohlhammer.

Johnson, Lakeisha, Terry, Nicole P., Connor, Carol M. & Thomas-Tate, Shurita (2017). The effects of dialect awareness instruction on nonmainstream American English speakers. Reading and Writing 30(9), 2009–2038.

Jürgens, Carolin (2013). Kontakt – Spaltung – Dopplung: Zur Variation der Pronominaladverbien in der norddeutschen Umgangssprache. In Yvonne Hettler, Carolin Jürgens, Christoph Purschke & Robert Langhanke (Hrsg.), Variation, Wandel, Wissen: Studien zum Hochdeutschen und Niederdeutschen (Sprache in der Gesellschaft 32) (S. 129–143). Frankfurt a.M: Peter Lang GmbH Internationaler Verlag der Wissenschaften.

Kaiser, Irmtraud (2019). Dialekt-Standard-Variation in Deutsch bei mehrsprachigen Kindern in Österreich. ÖDaF-Mitteilungen 1+2, 97–110.

Kaiser, Irmtraut & Ender, Andrea (2020). Innere Mehrsprachigkeit als Potenzial für den Deutschunterricht. In Miriam Langlotz (Hrsg.), Grammatikdidaktik-theoretische und empirische Zugänge zu sprachlicher Heterogenität (S. 237–271). Schneider.

Kaiser, Irmtraud, Ender, Andrea & Kasberger, Gudrun (2019). Varietäten des österreichischen Deutsch aus der HörerInnenperspektive: Diskriminationsfähigkeiten und sozio-indexikalische Interpretation. In Lars Bülow, Ann Kathrin Fischer & Kristina Herbert (Hrsg.), Deutsch in Österreich und andere plurizentrische Kontexte (= Schriften zur deutschen Sprache in Österreich) (S. 341–362). Bern: Peter Lang Verlag.

Keim, Inken & Cindark, Ibrahim (2003). Deutsch-türkischer Mischcode in einer Migrantinnengruppe: Form von „Jugendsprache" oder soziolektales Charakteristikum? In Eva Neuland (Hrsg.), Jugendsprachen – Spiegel der Zeit: Internationale Fachkonferenz 2001 an der Bergischen Universität Wuppertal (Sprache, Kommunikation, Kultur Band 2) (S. 377–393). Frankfurt am Main, Berlin: Peter Lang Europäischer Verlag der Wissenschaften.

Keim, Inken & Knöbl, Ralf (2007). Sprachliche Varianz und sprachliche Virtuosität türkisch- stämmiger Ghetto-Jugendlicher in Mannheim.

In Christian Fandrych & Reinier Salverda (Hrsg.), Standard, Variation und Sprachwandel in germanischen Sprachen: Standard, variation and language change in Germanic languages (Studien zur deutschen Sprache 41) (S. 157–199). Tübingen: Narr.

Khakpour, Natascha (2016). Die Differenzkategorie Sprache. Das Beispiel "Native Speaker". In Merle Hummrich, Nicole Pfaff, İnci Dirim & Christine Freitag (Hrsg.), Kulturen der Bildung: kritische Perspektiven auf erziehungswissenschaftliche Verhältnisbestimmungen (S. 209–220). Wiesbaden: Springer VS.

Kleiner, Stefan (2003). Bairisches in der Regionalsprache Bayerisch-Schwabens: Die Übernahme des Flexionssuffixes {-ts} für die 2. Person Plural. In Edith Funk (Hrsg.), Sprachgeschichten: Ein Lesebuch für Werner König zum 60. Geburtstag (Schriften zum Bayerischen Sprachatlas 7) (S. 137–152). Heidelberg: Winter.

Kleiner, Stefan (2011ff). Atlas zur Aussprache des deutschen Gebrauchsstandards (AADG). Verfügbar unter http://prowiki.ids-mannheim.de/bin/view/AADG/ [Zugriff am 21.07.2020].

Kleiner, Stefan, Knöbl, Ralf, Mangold, Max (2015). Duden – Das Aussprachewörterbuch: [Aussprache und Betonung von über 132 000 Wörtern und Namen]. Berlin, Mannheim: Dudenverlag.

Knappik, Magdalena (2016). »Disinventing ›Muttersprache‹. Zur Dekonstruktion der Verknüpfung von Sprache, Nation und ›Perfektion‹ «. In Aysun Doğmus, Yasemin Karakaşoğlu & Paul Mecheril (Hrsg.), Pädagogisches Können in der Migrationsgesellschaft (S. 221–240). Wiesbaden: Springer VS.

Knöbl, Ralf (2010). Changing codes for classroom contexts. Gesprächsforschung – Online-Zeitschrift zur verbalen Interaktion, 11, 123–153.

Knöbl, Ralf (2012). Dialekt – Standard – Variation: Formen und Funktionen von Sprachvariation in einer mittelschwäbischen Schulklasse (OraLingua 1). Heidelberg: Winter.

Knöbl, Ralf (2014). Variation im Standard. Formale und funktionale Variationsaspekte des gesprochensprachlichen Gebrauchs indefiniter Referenzierungsformen. In Rudolf Bühler, Rebekka Bürkle & Nina K. Leonhardt (Hrsg.), Sprachkultur – Regionalkultur: Neue Felder kulturwissenschaftlicher Dialektforschung (Studien & Materialien des Ludwig-Uhland-Instituts der Universität Tübingen 49) (S. 154–185). Tübingen: Tübinger Vereinigung für Volkskunde e. V.

Knoll, Alex (2018). Sprache, Identität und Schule. Zur Debatte um die Sprachenfrage im Kindergarten. In Achim Brosziewski, Alex Knoll & Christoph Maeder (Hrsg.), Kinder – Schule – Staat. Der Schweizer Schuldiskurs 2006 bis 2010 (S. 203–240). Wiesbaden: Springer VS.

König, Werner (2001). dtv-Atlas. Deutsche Sprache (13). München: Deutscher Taschenbuch Verlag.

König, Werner, Elspaß, Stephan & Möller, Robert (2019). dtv-Atlas Deutsche Sprache. München: dtv.

Krumm, Hans-Jürgen, Fandrych, Christian, Hufeisen, Britta & Riemer, Claudia (Hrsg./2010). Deutsch als Fremd- und Zweitsprache. Ein internationales Handbuch. 1 Halbband (2. Auflage). Berlin, New York: de Gruyter.

Lameli, Alfred (2004). Dynamik im oberen Substandard – Regionale Interferenzen im diachronen Vergleich In Hermann Scheuringer & Stephan Gaisbauer (Hrsg.), Linzerschnitten. Beiträge zur 8. Bayerisch-österreichischen Dialektologentagung, zugleich 3. Arbeitstagung zu Sprache und Dialekt in Oberösterreich, in Linz, September 2001 (S. 197–208).

Linz: Adalbert-Stifter-Institut des Landes Oberösterreich. (Schriften zur Literatur und Sprache in Oberösterreich. Folge 8.).

Lameli, Alfred (2006). Zur Historizität und Variabilität der deutschen Standardsprechsprache. In Joachim Gessinger & Anja Voeste (Hrsg.), Osnabrücker Beiträge zur Sprachtheorie 71, 53–80.

Landesbehörde Niedersachsen (2011). Die Region und ihre Sprachen im Unterricht. Verfügbar unter https://www.mk.niedersachsen.de [Zugriff am 03.07.2019].

Lange, Imke & Gogolin, Ingrid (2010). Durchgängige Sprachbildung. Eine Handreichung. Münster u.a.: Waxmann.

Langhanke, Robert (2013). Regionale Variationsmuster enklitischer Verbformen in norddeutschen Umgangssprachen: Zur formalen und funktionalen Verteilung von kriegst du und krisse in Berlebeck und Hinsbeck. In Yvonne Hettler, Carolin Jürgens, Christoph Purschke & Robert Langhanke (Hrsg.), Variation, Wandel, Wissen: Studien zum Hochdeutschen und Niederdeutschen (Sprache in der Gesellschaft 32) (S. 101–128). Frankfurt a.M: Peter Lang GmbH Internationaler Verlag der Wissenschaften.

Lanwer, Jens P. (2015). Aber da ham wi son bärenstarken Pernot gekriegt: Zur didaktischen Relevanz des Unterschiedes zwischen Standardaussprache und Alltagssprache. In Wolfgang Imo & Sandro M. Moraldo (Hrsg.), Interaktionale Sprache und ihre Didaktisierung im DaF-Unterricht (Stauffenburg Deutschdidaktik Band 4) (S. 83–111). Tübingen: Stauffenburg Verlag.

Leisen, Josef (2010). Handbuch Sprachförderung im Fach: Sprachsensibler Fachunterricht in der Praxis. Bonn: Varus.

Linell, Per (2005). The Written Language Bias in Linguistics. Its Nature, Origins and Transformations. London, New York: Routledge. (=Routledge Advances in Communication and Linguistic Theory).

Löffler, Heinrich (2005). Wieviel Variation verträgt die deutsche Standardsprache? Begriffsklärung: Standard und Gegenbegriffe. In Ludwig Eichinger & Werner Kallmeyer (Hrsg.), Standardvariation. Wie viel Variation verträgt die deutsche Sprache (S. 7–27). Berlin, New York: de Gruyter.

Long, Daniel & Preston Dennis R. (2002). Handbook of Perceptual Dialectology. Amsterdam, u.a.: Benjamins.

Lorenz, Georg (2017). Selbsterfüllende Prophezeiungen in der Schule. Leistungserwartungen von Lehrkräften und Kompetenzen von Kindern mit Zuwanderungshintergrund. Wiesbaden: Springer VS.

Mann, Thomas (1901). Buddenbrooks. Berling: S. Fischer

Maitz, Péter & Elspaß, Stephan (2011). „Dialektfreies sprechen – leicht gemacht!“ Sprachliche Diskriminierung von deutschen Muttersprachlern in Deutschland. Der Deutschunterricht 6, 7–17.

Mecheril, Paul (2003). Prekäre Verhältnisse. Über natio-ethno-kulturelle (Mehrfach-)Zugehörigkeit. Münster u.a.: Waxmann

Mecheril, Paul (2005), „Die Unumgänglichkeit und Unmöglichkeit der Angleichung. Herrschaftskritische Anmerkungen zur Assimilationsdebatte“. In np Sonderheft 8, (124–140).

Mecheril, Paul (2010a): Anerkennung und Befragung von Zugehörigkeitsverhältnissen. Umriss einer migrationspädagogischen Orientierung. In Paul Mecheril, María do Mar Castro Varela, İnci Dirim, Annita Kalpaka & Claus Melter (Hrsg.), Migrationspädagogik (S. 179–191). Weinheim, Basel: Beltz.

Mecheril, Paul (2010b). Migrationspädagogik. Hinführung zu einer Perspektive. In Paul Mecheril, María do Mar Castro Varela, İnci Dirim, Annita Kalpaka & Claus Melter (Hrsg.), Migrationspädagogik (S. 7–22). Weinheim, Basel: Beltz.

Mecheril, Paul (2015). Das Anliegen der Migrationspädagogik. In Rudolf Leiprecht & Anja Steinbach (Hrsg.), Schule in der Migrationsgesellschaft. Ein Handbuch. Band 1: Grundlagen – Diversität – Fachdidaktiken (S. 25–53). Schalbach/Ts: Debus Pädagogik.

Mehlhorn, Grit (2019). Phonetik. In Stefan Jeuk & Julia Settinieri (Hrsg.), Sprachdiagnostik Deutsch als Zweitsprache. Ein Handbuch (S. 245–275). Berlin, Boston: De Gruyter.

Mittermayer, Manfred (2015). Thomas Bernhard. Eine Biografie. Wien, Salzburg: Residenz Verlag.

Moosmüller, Sylvia (1991). Hochsprache und Dialekt in Österreich. Soziophonologische Untersuchungen zu ihrer Abgrenzung in Wien, Graz, Salzburg und Innsbruck. Wien u.a.: Böhlau Verlag.

Motsch, Hans-Joachim (2011). ESGRAF-MK. Evozierte Diagnostik grammatischer Fähigkeiten für mehrsprachige Kinder. München: Ernst Reinhardt.

Neuland, Eva (1994). Sprachbewusstsein und Sprachvariation. Zur Entwicklung und Förderung eines Sprachdifferenzbewußtseins. In Peter Klotz & Peter Sieber (Hrsg.), Vielerlei Deutsch. Umgang mit Sprachvarietäten in der Schule (S. 173–191). Stuttgart: Klett.

Neuland, Eva & Hochholzer, Rupert (2006). Regionale Sprachvarietäten im muttersprachlichen Deutschunterricht. In Eva Neuland (Hrsg.), Variation im heutigen Deutsch: Perspektiven für den Sprachunterricht (S. 175–190). Frankfurt a. M u.a.: Peter Lang (= Sprache – Kommunikation – Kultur. Soziolinguistische Beiträge 4).

Neumann, Ursula (2000). ‚Man schreibt, wie man spricht, wie man schreibt'. Über Sprachunterricht in einer deutschen Grundschulklasse. In Ingrid Gogolin & Sjaak Kroon (Hrsg.), ‚Man schreibt, wie man spricht'. Ergebnisse einer international-vergleichenden Fallstudie über Unterricht in vielsprachigen Klassen (S. 187–209). Münster u.a.: Waxmann.

Niebaum, Hermann & Macha, Jürgen (2014). Einführung in die Dialektologie des Deutschen (Germanistische Arbeitshefte 37). Berlin: De Gruyter.

Niehaus, Konstantin (2018). „‚Fränkisch'" und die Franken im regionalen Enregisterment: „Ein guter Satz braucht die Wörter ‚gell' und ‚fei'." Zeitschrift für Dialektologie und Linguistik 85(2), 165–204.

Nübling, Damaris, Dammel, Antje & Duke, Janet (2010). Historische Sprachwissenschaft des Deutschen. Tübingen: Gunter Narr Verlag.

Paradis, Joanne (2009). Second Language Acquisition in Childhood. In E. Hoff & M. Shatz (Hrsg.), Handbook of language development (S. 387–405). Oxford: Blackwell.

Perner, Kevin R. (2015). Souverän? – Eine Untersuchung zum Konzept ‚native speaker'. ÖDaF- Mitteilungen 1, 32–50.

Perner, Kevin R. (2018). Sprecher*innen als Opportunist*innen und Intuition als Kopfsache. In İnci Dirim, Johannes Köck & Birgit Springsits (Hrsg.), Dil Irkçılığı_Linguizismus_Linguicsm. Sprache(n) und Diskriminierung in (Hoch-)Schule und Gesellschaft. Linguizismuskritik als international-interdisziplinäre Perspektive (S. 325–345). Istanbul: Yeni İnsan.

Perner, Kevin R. (2020). Die ‚Abwendung von Missverständnissen' und das Dialekt-Standard-Kontinuum. Konversationsanalytische Perspektiven auf die DaZ-Aneignung durch Lehrlinge im Rahmen der innerbetrieblichen Kommunikation in Oberösterreich. In Ursula Esterl & Annemarie Saxalber (Hrsg.), IDE 44/4. Spracherwerb und Sprachenlernen (S. 50–60). Innsbruck: StudienVerlag.

Putzer, Oskar (2009). Perfekt und Präteritum im Süddeutschen: Ein Beispiel für standardsprachliche Variation in der Grammatik? In Sieglinde Klettenhammer (Hrsg.), Kulturraum Tirol: Literatur – Sprache – Medien; Jubiläumsband „150 Jahre Germanistik in Innsbruck" (Innsbrucker Beiträge zur Kulturwissenschaft Germanistische Reihe 75) (S. 489–502). Innsbruck: IUP Innsbruck Univ. Press.

Quehl, Thomas & Mecheril, Paul (2015). Die Sprache der Schule. Eine migrationspädagogische Kritik der Bildungssprache. In N. Thoma & M. Knappik (Hrsg.), Sprache und Bildung in Migrationsgesellschaften. Machtkritische Perspektiven auf ein prekarisiertes Verhältnis (S.143–169). Bielefeld: transcript Verlag.

Ransmayr, Jutta & Fink, Ilona E. (2016). Umgang mit Varietäten im Unterricht von Deutsch als Muttersparche / Bildungssprache. In Michaela Rückl (Hrsg.), Sprachen und Kulturen: vermitteln und vernetzen. Beiträge zu Mehrsprachigkeit und Inter-/Transkulturalität im Unterricht, in Lehrwerken und in der Lehrer/innen/bildung (S. 166–179). Münster, New York: Waxmann.

Ransmayr, Jutta (2018). „Fladern" geht gar nicht – oder doch? Österreichisches Deutsch und Fragen von Norm und Variation im Deutschunterricht. ide, 4, 101–112.

Ransmayr, Jutta (2019). Dialekt, Standard & Co. im Deutschunterricht an Österreichs Schulen. In Lars Bülow, Ann Kathrin Fischer & Kristina Herbert (Hrsg.), Dimensions of Linguistic Space: Variation Multilingualism – Conceptualisations. Dimensionen des sprachlichen Raums: Variation – Mehrsprachigkeit – Konzeptualisierung (S. 292–318). Berlin, u.a.: Peter Lang.

Reich, Hans H. & Roth, Hans-Joachim (2004). Hamburger Verfahren zur Analyse des Sprachstands Fünfjähriger (HAVAS 5). Hamburg: Landesinstitut für Lehrerbildung und Schulentwicklung.

Reich, Hans H., Roth, Hans-Joachim & Döll, Marion (2009). Fast Catch Bumerang -Auswertungshinweise, Schreibimpuls und Auswertungsbogen. In Drorit Lengyel, Hans H. Reich, Hans-Joachim Roth & Marion Döll (Hrsg.), Von der Sprachdiagnose zur Sprachförderung (S. 207–241). Münster u.a.: Waxmann.

Reich, Hans H., Roth, Hans-Joachim & Gantefort, Christoph (2008). Der Sturz ins Tulpenbeet. Deutsche Sprachversion. Auswertungsbogen und Auswertungshinweise. In Thorsten Klinger, Knut Schwippert & Birgit Leiblein (Hrsg.), Evaluation im Modellprogramm FörMig. Planung und Realisierung eines Evaluationskonzepts (S. 209–237). Münster u.a.: Waxmann.

Reinke, Kerstin (2011). Fremder Akzent – von der auditiven Wahrnehmung zur Deutung der Persönlichkeit. Babylonia 2, 73–79.

Riecke, Jörg (2016). Geschichte der deutschen Sprache. Eine Einführung. Stuttgart: Reclam.

Riehl, Claudia M. (20143). Sprachkontaktforschung. Eine Einführung. Tübingen: Narr Verlag.

Roche, Jörg (2005). Variation im Spracherwerb. In DAAD (Hrsg.), Germanistentreffen Deutschland – Großbritannien, Irland. 30.9.-3.10.2004. Dokumentation der Tagungsbeiträge (S. 265–277). Bonn: DAAD.

Rühm, Gerhard (1967/1985). Die Wiener Gruppe, Achleitner, Artmann, Bayer, Rühm, Wiener. Texte, Gemeinschaftsarbeiten, Aktionen. Reinbek bei Hamburg: Rowohlt.

Scheuringer, Hermann (1996). Das Deutsche als pluriareale Sprache: Ein Beitrag gegen staatlich begrenzte Horizonte in der Diskussion um die deutsche Sprache in Österreich. Die Unterrichtspraxis / Teaching German 29(2), 147–153.

Scheuringer, Hermann (2002). Die Realisierungen der historischen a-Laute in Altbayern und Österreich – Zwischen komplexer Wirklichkeit und handlichem Stereotyp. In Alfred Wildfeuer & Ludwig Zehetner (Hrsg.), Bairisch in Bayern, Österreich, Tschechien. Michael-Kollmer-Gedächtnis-Symposium 2002 (S. 69–83). Regensburg: edition vulpes (= Regensburger Dialektforum 1).

Scheutz, Hannes (1998). weil-Sätze im gesprochenen Deutsch. In Claus J. Hutterer (Hrsg.), Beiträge zur Dialektologie des ostoberdeutschen Raumes: Referate der 6. Arbeitstagung für Bayerisch-Österreichische Dialektologie, 20.–24.09.1995 in Graz (Göppinger Arbeiten zur Germanistik Nr. 636) (S. 85–112). Göppingen: Kümmerle.

Scheutz, Hannes (Hrsg./2016). Insre Sproch: Deutsche Dialekte in Südtirol: mit dem ersten „sprechenden Dialektatlas" auf CD-ROM. Bozen: Athesia Verlag.

Schmidlin, Regula (2018). Innere Mehrsprachigkeit an Deutschschweizer Schulen. In Monika Dannerer & Peter Mauser (Hrsg.), Formen der Mehrsprachigkeit. Sprachen und Varietäten in sekundären und tertiären Bildungskontexten. Unter Mitarbeit von Philip C. Vergeiner (S. 27–46). Tübingen: Stauffenburg.

Schmidt, Joachim & Herrgen, Jürgen E. (2011). Sprachdynamik: Eine Einführung in die moderne Regionalsprachenforschung (Grundlagen der Germanistik; 49). Berlin: Erich Schmidt.

Schneider, Jan Georg, Butterworth, Judith & Hahn, Nadine (2018). Gesprochener Standard in syntaktischer Perspektive. Theoretische Grundlagen – Empirie – didaktische Konsequenzen. Tübingen: Stauffenburg.

Schnitzer, Anna (2017). Mehrsprachigkeit als soziale Praxis. (Re-)Konstruktionen von Differenz und Zugehörigkeit unter Jugendlichen im mehrsprachigen Kontext. Weinheim, Basel: Beltz Juventa.

Schönherr, Beatrix (2016). Sprach- und Sprechformen zwischen Dialekt und Standardsprache. Empirische Untersuchungen auf einem wenig erforschten Terrain: Vorarlberg. Zeitschrift für Dialektologie und Linguistik, 83/3, 315–355.

Schröder, Saskia (2013). Zur Dynamik der /g/-Spirantisierung in den deutschen Regionalsprachen. In Yvonne Hettler, Carolin Jürgens, Christoph Purschke & Robert Langhanke (Hrsg.), Variation, Wandel, Wissen: Studien zum Hochdeutschen und Niederdeutschen (Sprache in der Gesellschaft 32) (S. 37–60). Frankfurt a.M: Peter Lang GmbH Internationaler Verlag der Wissenschaften.

Selting, Margret, Auer, Peter, Barth-Weingarten, Dagmar, Bergmann, Jörg, Bergmann, Pia, Birkner, Karin, Couper-Kuhlen, Elizabeth, Deppermann, Arnulf, Gilles, Peter, Günthner, Susanne, Hartung, Martin, Kern, Friederike, Mertzlufft, Christine, Meyer, Christian, Morek, Miriam, Oberzaucher, Frank, Peters, Jörg, Quasthoff, Uta, Schütte, Wilfried, Stukenbrock, Anja & Uhmann, Susanne (2009). Gesprächsanalytisches

Transkriptionssystem 2 (GAT 2). Gesprächsforschung – Online-Zeitschrift zur verbalen Interaktion, 10, 353–402. Verfügbar unter http://www.gespraechsforschung-ozs.de/heft2009/px-gat2.pdf [Zugriff am 30.06.2020]

Settinieri, Julia (2011). Soziale Akzeptanz unterschiedlicher Normabweichungen in der L2-Aussprache Deutsch. Zeitschrift für Interkulturellen Fremdsprachenunterricht Didaktik und Methodik im Bereich Deutsch als Fremdsprache 16(2), 66–80.

Settinieri, Julia & Jeuk, Stefan (2019). Einführung in die Sprachdiagnostik. In S. Jeuk & J. Settinieri (Hrsg.), Handbuch Sprachdiagnostik DaZ (S. 3–20). Berlin: de Gruyter Mouton.

Shafer, Naomi (2018). Varietäten und Varianten verstehen lernen: Zum Umgang mit Standardvariation in Deutsch als Fremdsprache. Göttingen: Universitätsverlag.

Sieberg, Bernd (1984). Perfekt und Imperfekt in der gesprochenen Sprache: Untersuchung zu Gebrauchsregularitäten im Bereich gesprochener Standard- und rheinischer Umgangssprache mit dem ERP-Projekt als Grundlage der Korpusgewinnung. Bonn: Universität Bonn.

Soukup, Barbara (2009). Dialect use as interaction strategy. A sociolinguistic study of contextualization, speech perception, and language attitudes in Austria. Wien: Braumüller.

Spiekermann, Helmut (2010). Variation in der deutschen Sprache. In Hans-Jürgen Krumm, Christian Fandrych, Britta Hufeisen & Claudia Riemer (Hrsg.), Deutsch als Fremd- und Zweitsprache. Ein internationales Handbuch. 1. Halbband (2. Auflage) (S. 343–359). Berlin, New York: de Gruyter.

Tajmel, Tanja (2017). Naturwissenschaftliche Bildung in der Migrationsgesellschaft. Wiesbaden: Springer.

Tajmel, Tanja & Hägi-Mead, Sara (2017). Sprachbewusste Unterrichtsplanung. Münster: Waxmann.

Thoma, Nadja (2016). „Gib dir doch einfach mal ein wenig Mühe, unsere Sprache zu lernen“. Sprachliche Normen und Native Speakerism in YouTube-Kommentaren im Kontext migrationsgesellschaftlicher Verhältnisse. In Merle Hummrich, Nicole Pfaff, İnci Dirim & Christine Freitag (Hrsg.), Kulturen der Bildung: kritische Perspektiven auf erziehungswissenschaftliche Verhältnisbestimmungen (S. 221–234). Wiesbaden: Springer VS.

Thomas-Olalde, Oscar & Astride, Velho (2011). Otherin and its Effects – Exploring the Concept. In Heike Niedrig & Christian Ydesen (Hrsg.), Writing Postcolonial Histories of Intercultural Education (S. 25–51). Frankfurt u.a.: Peter Lang.

Vergeiner, Philip C., Buchner, Elisabeth, Fuchs, Eva & Elspaß, Stephan (2019). Sprachnormvorstellungen in sekundären und tertiären Bildungseinrichtungen in Österreich. Zeitschrift für Dialektologie und Linguistik 86(3), 284–330.

Vygotskij, Lew S. (1934/2002). Denken und Sprechen. Herausgegeben und aus dem Russischen übersetzt von Joachim Lompscher und Georg Rückriem. Weinheim, Basel: Beltz.

Welke, Klaus (2005). Tempus im Deutschen: Rekonstruktion eines semantischen Systems (Linguistik, Impulse & Tendenzen 13). Berlin: W. De Gruyter.

Werlen, Iwar (2001). Die Konstruktion der Deutschschweizer Diglossie in der Schule. In Kirsten Adamzik & Helen Christen (Hrsg.), Sprachkontakt, Sprachvergleich, Sprachvariation: Festschrift für Gottfried Kolde zum 65. Geburtstag (S. 415–435). Tübingen: Niemeyer.

Wiesinger, Peter (20143). Das österreichische Deutsch in Gegenwart und Geschichte. (3. Auflage). Wien, Berlin: Lit-Verlag.

Williams, Raymond (1995). The Sociology of Culture. Chicago: University of Chicago Press.

Wöllstein, Angelika (Hrsg./2016). Duden – die Grammatik: Unentbehrlich für richtiges Deutsch. Berlin: Dudenverlag.

Zehetner, Ludwig (1985): Das bairische Dialektbuch. München: Beck.

Ziegler, Arne (2011). Standardsprachliche Variation als Ausgangspunkt grammatischer Reflexion. In Klaus-Michael Köpcke & Arne Ziegler (Hrsg.), Grammatik – Lehren, Lernen, Verstehen. Zugänge zur Grammatik des Gegenwartsdeutschen (S. 245–264). Berlin, Boston: de Gruyter.

Abbildungsverzeichnis

Tabellenverzeichnis

Index

Die Autorinnen und Autoren

An der Entstehung des vorliegenden Materialbands war eine große Autor*innengruppe beteiligt. Auch wenn schlussendlich eine Monografie entstanden ist, tragen die einzelnen Kapitel deutlich die Handschriften einzelner Autor*innen. Kevin Rudolf Perners Expertise ist v.a. in das Grundlagenkapitel (Kapitel 2) eingeflossen; Monika Dannerer war für die Sammlung, Sichtung und Ordnung zahlreicher Fälle und linguistischer Grundlagen zuständig, die im dritten Kapitel dargestellt sind. Die Auseinandersetzung mit der Bedeutung des Dialekt-Standard-Kontinuums im Unterricht (Kapitel 4) geht vor allem auf Hanna Grabenberger und Maria Weichselbaum zurück, die aktuellen Forschungsdaten wurden von Hanna Grabenberger zur Verfügung gestellt. Das Thema „Zugehörigkeit" (Kapitel 5) ist unter der Federführung von İnci Dirim erarbeitet worden; die diagnostischen und didaktischen Überlegungen (Kapitel 6) sind überwiegend das Werk von Marion Döll.

Neben dem Recherchieren und Schreiben hatten alle Teammitglieder weitere Funktionen: Die Initialzündung zum Band geht auf İnci Dirim zurück; Maria Weichselbaum und Kevin Rudolf Perner ist zu verdanken, dass die einzelnen Kapitel „zusammengehalten wurden"; Marion Döll übernahm die Kommunikation mit dem Verlag.

Mag. Dr. Monika Dannerer ist Professorin für Germanistische Linguistik an der Universität Innsbruck. Forschungsschwerpunkte: Sozio- und Variationslinguistik, Erst- und Zweitspracherwerb, Formen der Mehrsprachigkeit in Institutionen.

Dr. İnci Dirim ist Professorin für Deutsch als Zweitsprache an der Universität Wien. Forschungsschwerpunkte: Deutsch als Zweitsprache, pädagogische Zugänge (zum Fach) und Didaktik der Mehrsprachigkeit.

Dr. Marion Döll ist Hochschulprofessorin für Erziehungswissenschaft mit dem Schwerpunkt sprachliche Bildung und migrationsbedingte Mehrsprachigkeit in der Pädagog_innenbildung an der PH Oberösterreich in Linz. Forschungsschwerpunkte: Individualdiagnose sprachlicher Fähigkeiten bei mehrsprachigen Kindern und Jugendlichen, sprachliche Bildung und Lehrer_innenbildung in der Migrationsgesellschaft.

Mag[a] Hanna Grabenberger arbeitet im Bildungsbereich mit neu zugewanderten Jugendlichen/jungen Erwachsenen, ist Jugendarbeiterin und Vermittlerin. Schwerpunkte: Gedenkstättenpädagogik, politische Bildung, Aneignung von Deutsch als Zweitsprache, Migrationspädagogik.

Kevin Rudolf Perner, BA MA ist Linguist und derzeit am Institut für Germanistik der Universität Wien angestellt. Seine Arbeitsschwerpunkte ergeben sich aus sozio- und variationslinguistischen Zugängen zum Feld Deutsch als Zweitsprache.

Mag. Maria Weichselbaum BA MA ist Senior Scientist am Institut für Germanistik, Fachbereich für Deutsch als Fremd- und Zweitsprache an der Universität Wien. Forschungsschwerpunkte: (Zweit-)Sprachaneignung im Elementarbereich, Kinderbefragungen, translinguales Handeln von Kindern und pädagogischen Fachkräften